さあ、あなたの人生を変える旅に出かけよう

アスコム

ざんねんな努力

川下和彦
たむらようこ

努力しても報われていない、すべての人へ

装丁　鬱田昭彦＋坪井朋子
装画　上路ナオ子

はじめに

私の人生は、子どもの頃からずーーーーっと、ガンバってるのに結果が出せない人生でした。勉強もダメ。運動もダメ。仕事もダメ。全部中途半端。ところが皮肉なことに、なぜか昔からやる気だけは人一倍旺盛だったので、人並み以上にあれこれガンバってきたのですが、結果はことごとく失敗。そのたびに、ポンコツな自分に打ちひしがれてきました。

そんな私の生活は、イケてるはずがありません。やる気とは裏腹に、生活はボロボロ。周りに流されるまま飲み会に参加し、財布はスカスカ。暴飲暴食《ぼういんぼうしょく》で、カラダはプヨプヨ。体形を隠すために、着るものはダサダサ。持ち前のやる気で「今度こそは！」とガンバってみるものの、何度やっても結果は同じ。いつしか心の奥底で、「自分はいくらガンバっても結果が出せない人間なんだ」というレッテルを貼りかけていました。

ところが、ある日を境に人生が大きく変わりはじめたのです。偶然試した方法でちょっとした手応えを覚え、それを繰り返しているうちに、あれよあれよと自分が変わっていくのがわかりました。しかも、いままでと違って、ほとんどガンバっていないのに……。

最初は、節約にチャレンジ。赤字の状態からスタートし、月々一万円以上の貯金に成功。気をよくして次に取り組んだダイエットでは、約20kgの減量を達成し、その後三年以上たった現在も体形をキープ。少しずつカラダが引き締まってくると、今度は身だしなみの改善に取り組みました。仕事に同じ方法を適用してからは、プレゼンに連勝。重要なプロジェクトでもしっかり成果を出せるようになり、会社の事業は拡大。現在も快進撃を続けています。

ただ、この喜びを分かち合いたいと思って周りの人に話すと、「ガンバらないで結果が出るはずがない」「それは、あなただからできたんだ」と言って、なかなか信じてもらえないのです。それも、無理はありません。私たちは物心ついた頃から、親、先生、上司をはじめ、四方八方《しほうはっぽう》から「結果を出すために、ガンバりなさい！」と、何千回、何万回も刷り込まれてきたのですから。

そこで、私は一人でも多くの人に間違った思い込みから抜け出し、結果が出せる喜びを知ってもらうためにどうすればよいか、思案に思案を重ねました。しかし、私自身がそうであったように、現実の世界で浴びるように「ガンバれ！」と言われてきて、こり固まった常識を変えるのはそう簡単ではありません。それなら、みなさんの手をとって少し日常から離れたところへお連れし、いつもと違う景色を見ていただきたいと考えました。

そして、別世界の中に入り込みやすいように、物語をつくりたいと思い、第一線で活躍されている放送作家・たむらようこさんのもとを訪ねました。ガンバっているのに思うように結果が出せない人に、うまくいく方法を信じてもらうことができたら、世の中にもっと幸せな人が増えるはず。そう信じて、たむらさんとの協働作業がはじまりました。それから二年弱。二人で納得がいくまで何度も何度も議論したり書き直したりしながら、この本を完成させました。

みなさんも物語から得た教訓を自分の生活に応用することができれば、必ず結果を出すことができるでしょう。もしうまくいかないときは、繰り返し読んで、少しずつやり方を修正してみてください。そうすれば、仕事はもちろん、ダイエット、家事、勉強、そして恋ですら、きっとうまくいくはずです。

本書を手にとってくださったみなさんが、楽しみながら結果が出せるようになることを心から願っています。

川下和彦

二〇一八年、横浜にて

ざんねんな努力

もくじ

ある集まり　原宿で

ある晴れた日曜日の昼下がり、神宮の森の中に佇《たたず》む隠れ家レストランから男女の笑い声がこぼれた。その一ヵ月ほど前、アリサが数年ぶりに大学のゼミ仲間だったヒカルとSNSでつながったのをきっかけに、当時仲がよかったメンバーと一緒に、恩師を誘ってミニ同窓会をしようということになったのだ。美味《おい》しい料理をとり、ひとしきり昔話に花を咲かせた後、それぞれの近況へと話題が移った。

最初に口を開いたのは、大学時代マッチョのイケメンだったラグビー部出身のマサトだ。

「みんな全然変わらないけど、俺なんて会社に入ってから20kg太っちゃったんだよねぇ。

毎日取引先と飲み会に行って、最後はダメだダメだって思いながら、どうしてもシメのラーメンを食べちゃうんだよなぁ……」

カラダを折ると、こんもりと盛り上がるお腹の肉を両手でつかみながらマサトは嘆く。

「ああー、割れた腹筋を取り戻してぇー。もう一度Tシャツの似合うカラダになりてぇー」

学生時代は毎日欠かさず部活に出て、練習の後ヘトヘトになっても学校のジムでトレーニングに励《はげ》んでいた。まさに、鋼鉄《こうてつ》の意志を持つマサトだと思っていただけに、みんな驚きを隠せない様子だった。

「いやいや、意志が強いっていうか、あの頃は監督が怖かったから強制力が働いてたんだよ。それに、レギュラーになりたい一心で、ろくに勉強もしないで部活に打ち込んでいても両親が許してくれてたしね。でも、会社に入ってからは、飲み会に誘われたら断れないんだよな。もともとお酒が好きだし。あー、俺って本当に意志が弱いんだよなぁー」

それを聞いていたヒカルが口を開く。

「マサトだけじゃないわ。私も意志が弱いのよね。うちの会社は外資系だから、今年こそずっと夢だった海外赴任《ふにん》を目指そうと思って、年明けからもう一度英語を勉強し直すことにしたの。でも、まだ子どもが小さいから、会社を出て保育園に迎えに行って、ご飯を食べさせて、相手をして寝かしつけているうちに、気がつけば疲れ切って自分も子どもの横で寝ちゃってるんだよね。もっと体力があればなぁって思うよ……」

さらに、アリサも続く。

「ヒカル、そりゃあ無理もないよー。私なんて、今年こそ貯金するぞー！って、新年の抱負を掲げて家計簿をつけはじめたものの、一週間と続かなかったよ……」

気のおけない仲間たちの再会に、みんな包み隠さずいまの自分をさらけ出して笑った。一人一人進む道は違ったが、この瞬間気持ちはひとつになっていた。

メンバーはそれぞれ目標に向かって努力していた。しかし、全員が続けられず、途中で挫折《ざせつ》してしまっていると告白した。

やがて恩師のミツルが口を開いた。

「話を聞いてると、みんなガンバっているようだけれど、なかなかうまくいってないみたいだね？　そうだ。実は私の教え子たちの中で、成功や幸せをつかんだ子たちには、ある共通点があるんだ。言いかえれば幸せをつかむための方法なんだけれど、その子たちはみんな、ある物語を読んでそれに気づき、うまくいくようになっていったんだ。その物語を、社会に出てガンバっている君たちに贈らせてほしい」

「先生、ぜひ詳しく聞かせてください！」

アリサが言った。

「教え子たちはその物語のおかげで、努力に対する見方を変えることができたんだ。努力をすればいつかきっと報われると思っていたのが、そうではないんだ、とね。**ただがむしゃらにガンバるんじゃなくて、努力の仕方によってはガンバらなくても結果が出せるということを学んでいた**よ。それで、次々に目標を達成することができるようになっていったんだ。プライベートでも仕事でも。

最初は、みんな子どもの頃読んだ絵本のような話だからと甘く見ているんだ。所詮《しょせん》子ども騙《だま》しだろって。

でも、そのうち**ガンバっても結果が出せない物語の主人公と同じように、自分の思い込みが目標達成を遠ざけている、**ということに気づき出す。

主人公が出会う10人の個性的なキャラクターは、それぞれにガンバらなくても結果が出せる方法を教えてくれるのだけど、成功をつかんだ子たちは騙されたと思いながらも、少しずつ自分の生活に取り込んでいく。

そして、変わる。

貯金、ダイエット、運動、仕事……、めいめいがこれまでずっと失敗してきたことで、立て続けに結果を出せるようになっていくんだ。

変化が出はじめるときは、いつもみんな信じられない様子だよ。

それに**自分が結果を出せるようになってから周囲を見渡すと、成功している人は誰しも多かれ少なかれこの物語が教えてくれることを実践《じっせん》している**と気づくようになっていく。

うまくいった教え子たちが周りにこの物語のことを話したら、最初は半信半疑の人もいるけれど、実際にやってみた人たちから、次第に目標を達成した喜びの声が寄せられるようになっていくんだ。思い込みから抜け出すことができたおかげでね。

もっとも、最後まで信じられないという人もいるさ。意志の力を使ってガンバらないで結果が出るわけがない。そうした考えを変えることができない人は、これまでと同じように自分の意志の力を信じて新しいことに挑戦するたびに、何度も挫折を繰り返すのかもしれないね」

「先生、気になります！　それはどんな物語なんですか？」

乗り出すようにして、ヒカルが聞いた。

「『ざんねんな努力』っていう物語さ」

ざんねんな努力……。

それって、ずっと自分がしてきたことかもしれない。

不安と期待が入り混じる表情で、みんなが食いついた。

「面白そう！」

アリサが目を輝《かがや》かせて言った。

「先生、早く聞きたいです！」

痺《しび》れを切らすかのように、マサトとヒカルが声を揃《そろ》えた。

「もちろんだよ」

ミツル先生はうなずいた。

「少し長くなるけれど、みんな時間は大丈夫かい？」

そう言って、物語を話しはじめた。

物語

ざんねんな努力

プロローグ

ガンバってるのに
苦行レベルにうまくいかないガンバール国

あるところにガンバール国という国がありました。

名前からダダもれな通り、ここはガンバリ屋さんたちの暮らす国です。

朝6時。ほら、街のあちらこちらから、鳥たちのさえずりが聞こえてきましたよ。

時間きっかりに、いっせいに鳥が鳴き出すなんて！

あなたがはじめてこの国を訪れたとしたら、びっくりしたことでしょう。

そのままもう少しだけ耳を貸して。

はい、鳥たちはぴったり鳴きやんでしまいました。なぜって？

ガンバール国

それはね、その鳴き声の正体が本物の鳥、ではなく、この国の民たちのケータイ電話に設定された、アラームの音だから。

本物の鳥たちはとっくの昔に、一羽残らずこの国から飛び去ってしまいました。

だって美しい声で鳴いても、この国の民はみんな忙しくて誰も耳を傾けてはくれないし。

それは大人だけでなく子どもたちもね。

それに鳥たちにとってこの国は、なんだかとっても住みにくかったのです。


「ミサキ、6時よ、ガンバって起きなさい」

とある窓を覗《のぞ》いてみましょう。

お母さんが、寝ている我が子の布団をひっぺがしています。

「うーん」

布団を引き寄せて、ぬくぬくとした夢の世界へ戻ろうとしているのが、

ミサキ。

覚えておいてください、この本の主人公です。

「おい、お父さんだって、昨日、遅くまで飲んでたけど、ガンバって起きたぞ」

と、赤く充血した目をカッと見開いて、ミサキを睨《にら》みつけているのはお父さん。

そんなお父さんの声を布団の中で聞きながらミサキはこう思っていました。

「ガンバってなんになるの？　お父さんが半年間、休みもろくにとらず、家族と遊びにも行けず、〝会社人生、最後の賭《か》け〟だってガンバってきたプロジェクト。〝人事異動〟のひと言で別の人に横どりされたじゃない。応援してたのに」

お父さん、昨夜はやけ酒だったのでしょうか。

ミサキは布団をかぶったまま考えています。

「お母さんだって、ダイエットガンバる、ダイエットガンバるって言うばっかりで、二、三日ご飯抜きにしておかずばっかり食べてたかと思ったら、もうご飯大盛り？」

たしかに食卓には朝から大盛りのご飯が湯気をたてています。

ガンバってうまくいっていないのは、ミサキの両親ばかりではありません。

飲み会にも旅行にも参加せず貯金をガンバっているのに銀行の残高がゼロの人。

ガンバって会議の資料をつくって出したのに「全然、方向が違う」と怒られている人。

アルバイトをガンバってプレゼントを用意したのに、告白する前に避けられている人。

家事もおしゃれもガンバっているのに夫の心が離れてしまったと悩んでいる人。

ガンバって仕事を探してるけど、やりたいことが見つからない人。

ガンバって片付けはじめるわりに、家が全然片付かない人。

ガンバって仕事を終わらせようとすればするほど仕事がたまる人。

そうこうするうちに、窓の外をガンバール高校の陸上部が歌いながら通り過ぎていきます。

♪ガンバール、走る、練習するー。努力は嘘《うそ》をつきません。ガンバーレ、走れ、練習しろー。やればやるだけ、やればやるだけ、やればやるだけタイムは縮むんだ〜！　ＧＯファイッ！♪

「うるさーい」

ミサキは布団の中で耳をふさぎます。

「やればやるだけタイムが縮むなら、ガンバール国はゴリンピックで毎年、優勝してるはずなのに実際、結果は散々。毎年、予選落ちで決勝に出たこともない。それに比べて、どうよ。毎年、金メダルをごっそり持っていくガンバラン王国は。〝ガンバらない〟が国のルールなのに、スポーツではメダル続出だし、お金持ちだし、幸福度は一位だっていうじゃない」

そのとき、お母さんが布団を無理やりはがして言いました。

「ミサキ！　起きなさいってば。そんなガンバれない子に育てた覚えはありませんよ」

ガンバッテ
ガンバッテ!

ガンバレ、ガンバレ、ガンバレ、ガンバレ、ガンバレ、ガンバレ、ガンバレ

……。

ミサキの頭にガンバレコールが鳴り響きます。

でも、家で、学校で、塾で、友だちの間で、ガンバった先になにがあるっていうんでしょう。

誰がどんな結果を見せてくれたでしょう。

「もう、いやだーーーーー！」

ミサキは飛び起き、家を飛び出します。

いろいろ考えたあげく、ガンバって。

STAGE
1

とりあえず
同じ服ばかり着てる男

ミサキは電車に揺られていました。

ザ・ブルーハーツの歌みたいに、裸足《はだし》のまま列車に乗ったのです。

いや、裸足というのは、そんな気分というだけで実際は、靴くらいは履《は》いていました。

でもポケットに財布を突っ込んだだけで他に荷物らしい荷物もなく。

両手が空いているというのは身軽といえば身軽ですが心細いといえば心細い。

電車の窓から差し込む日差しは心にあたたかく、しかしながら目には眩《まぶ》しい。

ありがたいような、ありがたくないような、そんな時間が線路の上を滑っていったのです。

「次はガンバラン王国〜ガンバラン王国〜」車内のアナウンスが流れます。

はじかれるように立ち上がり、ミサキはドアの前に立ちました。

車窓を流れる風景が、だんだんとゆっくり、ハッキリ見えてきます。

そしてなんのへんてつもないホームに電車は止まりました。

プシュッと扉が開くとミサキは右を見て左を見てあたりに誰もいないことを確認。

そしてピョンッとジャンプしてホームに降り立ちました。

だってもし誰かいたら、ピョンと電車から降りるのはちょっと恥ずかしいですからね。

「ここが、噂《うわさ》のガンバラン王国」

ミサキはあたりをぐるりと見渡して、冒険のはじまりを感じ、そして途方に暮れました。

同じ立場ならきっとあなただって、そうなると思いますよ。

名前くらいしか知らない街に一人でやってきたらなにをしていいか困ってしまうでしょう。

たとえば絶景がありがたいのは、テレビや雑誌で絶景の情報を先に見ているからです。

仮に、なにも知らない外国人が箱根の仙石原《せんごくはら》を通りかかったとしましょう。

それはきっと、ただのススキの原っぱです。

もし宇宙人がダ・ヴィンチの「モナ・リザ」を知らずにルーブル美術館を歩いていたら？

他の絵と同じように「ふーん」といった感じで素通りするでしょうね。

余談が過ぎたようです。

ピッと改札を出ると、ミサキは駅前のロータリーで思わず立ち止まりました。

「鳥たち」

そう、ガンバール国と違って、この国の空では鳥たちが思い思いに歌を歌っています。

鳥たちと競うかのように駅前のベンチでギターを鳴らして歌っている人間もいます。

ガンバール国ならみんなスマホを覗《のぞ》き込みながら歩いているのに。

ここでは人々がおしゃべりをしながら、あるいは一人でも楽しそうに行き交うのです。

「なにかが違う、違い過ぎる」

ミサキはその様子から目が離せなくなりました。

「なんて楽しそうなんだ、なんて楽しそうなんだ」

ミサキは立ち止まったまま、ただただ駅前の風景を見つめていました。

大人も子どもも、男も女も、太っている人も痩《や》せている人も。

モジャモジャな人も薄毛の人も、杖をついたおじいちゃんだって。

みんなスキップしてるみたいに足どりも軽やかです。

「どうしてなんだ、なんでなんだ、うちの国とは違うよ、全然違うよ。

なんでうちの国ではみんなスマホばかり見てるんだ。

なんで時間がない時間がないなんて焦って、あれもこれもとほしがってるんだ。

よし、やっぱりここだ。ここでガンバってなにかを学んで帰ろ……イテッ」

一人で興奮していると誰かがぶつかってきました。

「あ、ごめんね」

振り返ると、黒いセーターにメガネの男が、申し訳なさそうにしています。

「いや、考えごとをしててね。でも君も駅前でボーッと突っ立ってたら正直、邪《じゃ》魔《ま》だよ」

「邪魔……ですよね、すみません」

どうやら率直な人のようです。

「で、こんなところに突っ立ってなにしてるの?」

「え、あ、はい、ガンバール国からきました」

「ガンバール国から? あの、みんなが宗教みたいに、ガンバることこそ素晴らしいと信じてるっていう、あのガンバール国から?」

「そのガンバール国です」

「ここは真逆の国だよ、誰も無駄にガンバるようなことはしない。君たちの考えとはきっと全然違うんだ。合わないから帰った方がいいよ。なにしにきたの」

「それがその〜」

そのとき、グゥ〜〜とミサキのお腹が鳴りました。

二人はなんだかバツが悪くて目を見合わせて笑いました。

「とにかくお腹が空いてるようだね。僕の家にくるといい。お昼をごちそうしよう。話はそれからだ」

思えば朝ご飯も食べずに、ザ・ブルーハーツ気分で飛び出してきてお腹がペコペコです。

「でも」

ミサキは考えました、もしもこの黒いセーターの男が悪い人だったら？

せっかく新しい価値観を学ぼうというときに犯罪にでも巻き込まれては、たまりません。

家出はしたけれど、もちろん無事に家には帰るつもりなんですから。

「せっかくですが、知らない人の家に行くのは危険だと教わりました」

ミサキがおずおずと断ると、

「本人を前に、言うよね～」

と黒いセーターの男は笑い、それから、

「家族と一緒に暮らしているから、家の前まで見にきて入りたかったらどうぞ」と言ってくれました。

ついていくと奥さんと小さな子どもたちが出迎えてくれました。

なにより家の中から美味《おい》しそうなパンの焼ける匂いがしてきます。

ミサキは家に入れてもらうことに決めました。

あんまりお腹が空いていたからでしょうか。

「お邪魔します」と言うところを「いただきます」とドアをくぐったこと。

あえて広げずさらりと書いておきましょう。

黒いセーターの男の家は、公園のそばにある3階建のアパートの3階でした。

リビングに通されると大きな窓に青い空に、洗濯物《せんたくもの》がはためいているのが見えました。

勧《すす》められた椅子《いす》に腰かけ、見るともなく部屋を見回すミサキ。

気持ちのいい風が入ってきます。

パンの焼ける匂いに気持ちがふわふわと漂《ただよ》います。
もう一度ベランダに目をやると、ミサキはあることに気づきました。
洗濯物はどれも黒いセーターとデニムのパンツばかりです。
大人の洗濯物も、かわいい小さな洗濯物も。
行儀よく並んで干された黒いセーターと、デニムパンツ。
それでハッと目を移すと、黒いセーターの男は、黒いセーターとデニムパンツ。
その奥さんも黒いセーターとデニムパンツ。
そして子どもたちも黒いセーターとデニムパンツ。
いま風に言うなら、いわゆる「おそろコーデ」です。
「あの～、今日はなんでお揃《そろ》いの服なんですか?」
ミサキは尋《たず》ねました。
「今日だけじゃなくて、毎日この服装なんだよ」
と黒いセーターの男が、自分の着ている服を見せながら言いました。

「僕だけじゃなくて、家族もみんなこの服にしてるんだ。ほら、見てみる？」

男は別の部屋にミサキを案内して、クローゼットを開けて見せてくれました。

黒いセーターとデニムがズラリと並んでいます。

それを見たミサキは、漫画『おぼっちゃまくん』の１シーンを思い出していました。

主人公の御坊茶魔《おぼうちゃま》は大財閥《ざいばつ》の息子なのにいつも同じ服装です。

不思議に思って友人が尋ねてみると？

茶魔専用の大広間のようなクローゼットに同じ服が３０００着ズラリと並んでいるではありませんか。

「なんで同じ服ばかりこんなに？」

ミサキが尋ねると、黒いセーターの男はドヤ顔で答えます。

「人間ってね、本当になにかを決める集中力って、一日に10回分しかないんだよ」

「10回？」

ミサキはなにを言われているのかわからず、キョトンとしています。

「言いかえるとね、これをやろう、これにしよう、と〝意志決定〟に使えるカードは、ほんとは一日10枚しか与えられてない、ってこと」

「そうなの？」

「三枚のお札って昔話知らない？　追いかけてくる山姥《やまんば》に三枚だけ魔法のお札が使えるって話。あれみたいなもんなんだよ。ほんとに自分で決められるのは一日10回」

なるほど、もしそれが本当だとしたら自分の生まれ育ったガンバール国はどうだろう？

黒いセーターの男はしゃべり続けます。

「だからね、本当に決めなきゃならないことのために、決めなくていいことを僕は、自動化しておくんだ。朝、なにを着ればいいのか、なんてことに、貴重なカ

1
2
3
4
5
6
7
8
9
10

ードを使いたくないからね」

そういえばアメリカのオバマ元大統領も、グレーか青色のスーツしか着ないことで有名です。

Apple社のスティーブ・ジョブズも、黒のタートルとジーンズがお決まりのスタイル。

Facebookのマーク・ザッカーバーグも、グレーのTシャツに黒のパーカーでおなじみ。

アインシュタインも同じスーツを何着も持っていたとかいないとか。

あぁ、あれ、三枚のお札理論だったの？　日本の昔話と同じ？

黒いセーターの奥さんも口を挟みます。

「朝、なにを食べればいいか、なんてことにもカードを使う必要はないと、私たちは考えているんです」

そう言われて、ミサキは思い出していました。

朝、起き抜けにお母さんから「朝はパンにする？　ご飯にする？」と聞かれる鬱陶《うっとう》しさを。自分のために聞いてくれてることはわかってます。

でも正直、そこはミサキにとって、どっちでもよかったのです。

お母さんが自分で決めるのが面倒だから聞いてくるのではないか疑惑。

黒いセーターの奥さんは続けます。

「だから、うちは毎朝、ご飯と味噌《みそ》汁と卵焼きにお漬物《つけもの》。お昼はね、はいできましたよ」

クロワッサンがテーブルに並びました。

焼きたてのパンの甘い匂いに、カリカリベーコンの香ばしい匂いが食欲をそそります。

「お昼はクロワッサンにベーコンとポテトサラダ、それにスープで決まりなんですよ。

こうして決めておけば買い物だってラクだし、クロワッサンの生地《きじ》は週末につ

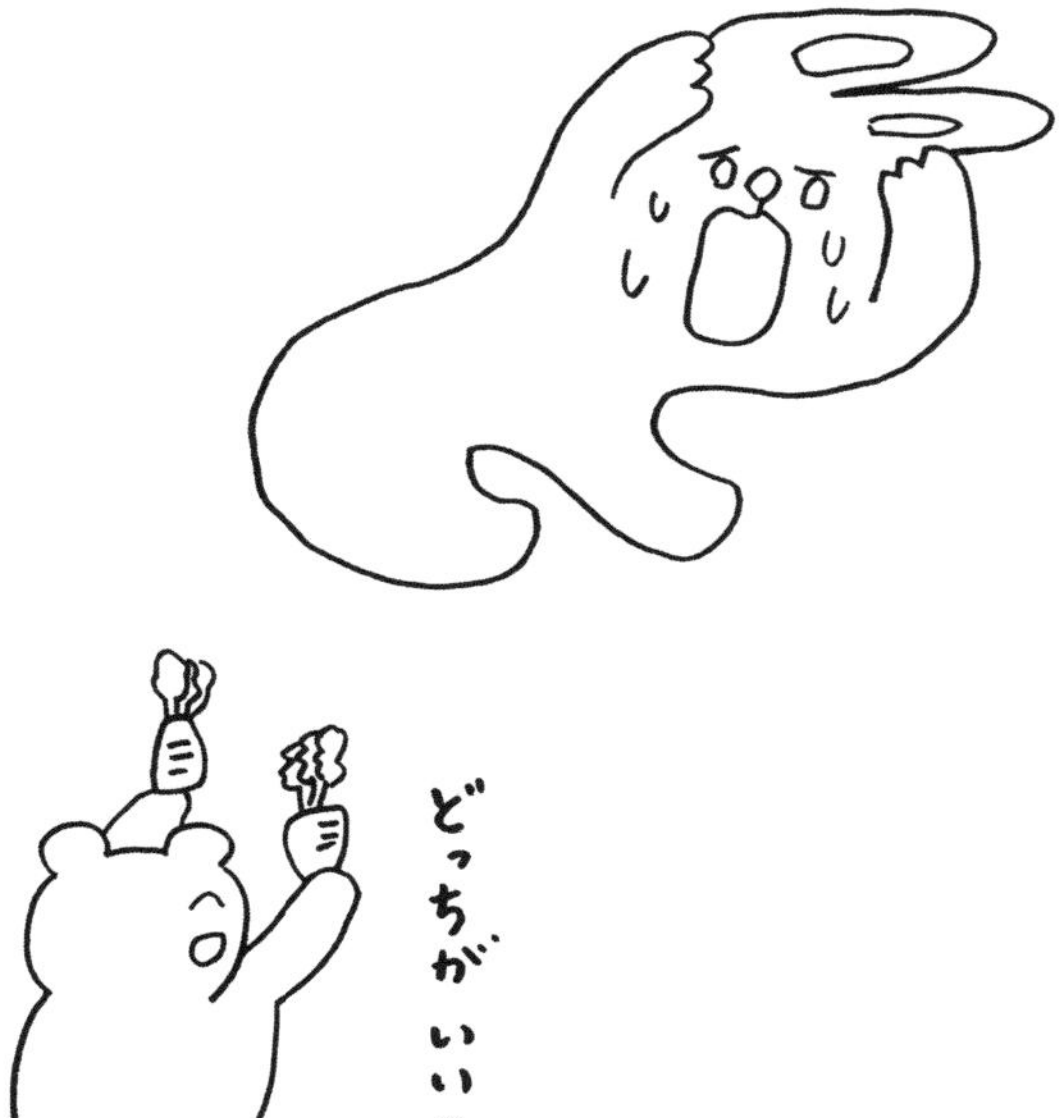
どっちがいい？

くって冷凍しておけるんです。その分、夜はなにをつくろうかなって毎日、楽しみでね」

黒いセーターの奥さんは、スープの湯気の向こうで笑っています。

「でも」

ミサキは聞きたくなりました。

「そんなのつまらないって思いませんか？　毎日、同じ服を着て、毎日、同じものを食べて過ごすなんて、自分はちょっと考えられません」

「本人を前に、言うよね〜」

黒いセーターの男は駅前と同じセリフです。

「すみません」

「いいの、いいの。10枚のカードの使い方こそ、その人の人生だと僕は思うから。おしゃれしたい人はおしゃれに使えばいいんだよね、そのカードを。食べるのが好きな人は、食べることに使えばいいじゃない。僕は雑誌の副編集長だから、どんな企画を通すとか、この特集をやろうとか、そういうことに10枚のカードを使いたいんだ。だから服とか食べるものとかに10枚のカードを、なるべく使わないように自動化してるんだ」

「でも」

ミサキはもっと聞きたくなりました。

「10枚って言いますけど、ほんとは10枚じゃないでしょ。だってガンバール国では、みんな朝からご飯はなににしよう、脱いだパジャマは洗うかどこかに置いておくか、服はなにを着よう、靴はなにを履こう、電車は何分なら間に合うか、いっぱいカードを使ってるけど、ちゃんと夜まで判断して生きてるんだから」

黒いセーターの家族は、目を見合わせて「ふふふ」と笑いました。

「それって疲れない？」

黒いセーターの男が問いかけます。

「朝から晩までたくさんの小さな判断をして、一日を振り返ったとき、疲れてないのかなぁ。それに今日はこれをやったなーって充実した気持ち、どのくらいあるのかなぁ。僕に言わせりゃそれは10枚のカードを散り散りに破いてちょっとずつ使ってるようなもの。破いて小さくなればなるほどその判断の価値って下がらない？」

「ガンバール国のみんなは、判断に疲れてる、ってこと？」

ミサキは、いただきますを言って、クロワッサンにかぶりつきました。

腹ペコのミサキにとってそれはとても美味しくて。

そんなときは、食べ物をくれた人の言うことがなんでも正しく思えてくるものので。

「人は、もぐもぐ、判断に、もぐもぐ、疲れてるってことですね、もぐもぐ」

「そうそう、もぐもぐ。あのねー、『サラメシ』って番組、そっちでもやってる？もぐもぐ」

「あ、やってますよ、もぐもぐ」

「あの番組にさ、もぐもぐ、〝あの人も昼を食べた〟ってね、亡くなった偉人たちの昼ご飯を紹介するコーナーがあるんだけどさ」

「ありますね、好きです、もぐもぐ」

「もぐもぐ、あれ見てるとなにか成し遂げた人たちってさ、もぐもぐ、けっこうみんな同じ店で同じもの食べてるなってことがわかるんだよね、もぐもぐ。意志のカードを自分の仕事にさ、もぐもぐ、使ってたんじゃないの？」

「そういえばそうですね、もぐもぐ。これ美味しいですね奥さん」

「そのポテトサラダのレシピは昔、『ママモコモ』で笠原さんがやってたのよ、もぐもぐ」

STAGE 2

ゲームばかりしてる男

「ごちそうさま」を言うと、ミサキは黒い服の家族たちの家を出ました。

アパートの階段を下り、1階に差し掛かると？

「買ったばかりだからいらないです！」

と、ちょうどセールスマンがピシャリと断られて閉め出される場面に遭遇《そうぐう》しました。

「飛び込み営業も大変だなぁ～」

と思いながら、ミサキはなにもできずに眺《なが》めていました。

するとどうでしょう、ドアが閉まるやいなやセールスマンは意外な行動に出ます。

「(やった～～～～)」

と声を殺してこぶしを握りしめてガッツポーズ。

まるで市民マラソンで優勝したランナーくらいの喜びようです。

断られたのになぜでしょう。

100 POINT
ゲット/

不思議に思ってじーっと観察を続けていると、目が合ってしまいました。

気まずい、これは気まずい。

「君。断られたのになんで喜んでんだよコイツ、って思ってるんでしょ」

「あ、はい」

「断られ過ぎて、ちょっと頭おかしくなってるんちゃう？　くらい思ってるんでしょ」

「え？　はい」

「そこ、はいじゃないからね」

「ちょっと失礼なんじゃない？」

「すみません」

詰め寄ってくるセールスマン。

ミサキ、このあたりで物語初のピンチを迎えるのでしょうか？

「ま、よそ様の家の前でいつまでもおしゃべりしてるのもあれなんでね。そこ、座ろうか」

セールスマンはミサキをアパートの前の公園にあるベンチに案内しました。

日差しはとてもあたたかいけど、どうにも微妙《びみょう》な展開の午後です。

「今日ね、俺ね、晩ご飯が寿司なの」

ベンチに腰掛けるなり、セールスマンが自分語りをはじめました。

「お寿司……お寿司ですか」

ワケがわからないのでミサキはなんとなく、それっぽい返事をしてみました。

よくわからないときは、とりあえず相手の言葉を繰り返しておけばなんとかなる。

ガンバール国のお父さんがガンバって読んでいる本をチラ見したときに書いてあったことです。

「あのね、俺、営業まわっててね。豆腐《とうふ》売ってんの」

「豆腐?」

スーツ姿のセールスマン、持ち物はアタッシュケースです。

とても豆腐を売っているようには見えません。

「ほら」

空気を察したのかセールスマンは、アタッシュケースを開けて見せてくれました。

言われた通りアタッシュケースにはなみなみと水が張られ、豆腐がびっしり並んでいました。

「君、これからの時代はね、意外性が大事なんだよ、意外性。他の人が思いつかないようなことをやらないと、レッドオーシャンで勝負するのはつらいじゃない？ それにほら、うかうかしてると10年後にはＡＩに仕事奪《うば》われちゃうからさ、わかる？」

いかにも〝受け売り〟な言葉を並べるセールスマン。

でも、たしかに、かつてアタッシュケースで豆腐を売り歩いた豆腐売りがいたでしょうか。まぁ、いなかったのにも理由があったでしょうがね。

セールスマンは続けます。

「俺ね、昔ね、セールス嫌いでね、仕事ぜんぜん面白くなかったの。毎日同じことの繰り返しでね、飽《あ》き飽き。断られるたびに凹《へこ》むしね。人格否定されたみたいな気分になってさ。努力って報われないと、虚《むな》しいじゃない」

「虚しい、ですよね」

「でね、仕事つまんないからサボってゲームばっかしてたわけ。

家でもゲーム、行き帰りの電車でもゲーム、ちょっと時間が空けば仕事中だってゲーム。だってほら、外で営業してるから誰に見張られてるわけでもないし、ゲームし放題じゃない」

「し放題ですね」

「周囲はそりゃなんかいろいろ言うよ。大人なのにいつまでゲームばっかりやってんだとか、情けないとか、時間の無駄だとか、時間の無駄だとか、時間の無駄だとかね」

「時間の無駄……」

「そう時間の無駄ってよく言われた。でもね、俺、ゲームやめられなかったわけ」

「ゲームは、ハマるとやめられないですね」

「だろ？　でもそれダメ？　ダメなの？　俺がこんなにゲームに夢中になるってことはさ、ゲームには意味があるんだよ。俺は自分を信じたのね、ゲーム好きの自分を」

「自分を信じた？」

「それでゲームをね、やり続けたわけ。朝も昼も晩も。そしたらさ、あるとき、いきなり、バーンと気づいたわけよ」

「気づいた？　なににですか？」

「そう、人生はね、ゲームなわけ。人生はゲーム！」

「あぁ、あのゲーム」

「それじゃない！」

「すみません」

「君、わかる？　人生ってゲームなんだよ。人生すべてゲームだと思ったらね、苦しいことなんて、ひとつもなくなるんだよ」

「？」

「たとえば俺は営業で断られるゲームをやってる。ほら」

セールスマンはスマホの中の、カウントアプリをミサキに見せてくれました。

「1000回断られたらね、晩めし寿司って決めてるわけ」

「あぁ、さっきお寿司って」

「そう、いま断られたのが1000回目だったからさ〜。今晩はちょっと贅沢《ぜいたく》して寿司、食べられるってわけ。今朝、起きたとき、990回だったから、今日あ

人生は~~スシ~~ゲーム

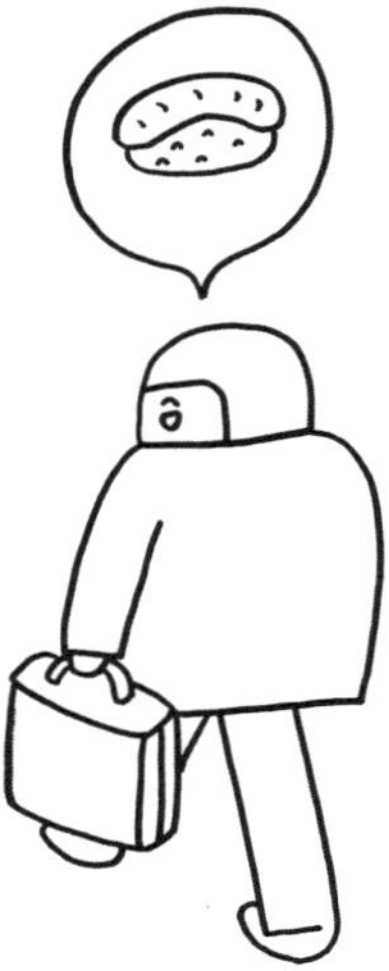

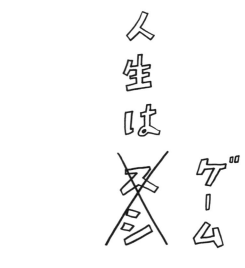

たり絶対、達成できると思ってワクワクしてたんだよ」

どうやら今日すでに10回も断られているみたいですが、そこには触れずにおきましょう。

「営業で歩き回るのもゲームなんだよ。このアプリでほら一日3万歩歩いたらキャラクターが進化するんだから」

「進化、いいですね」

「ゲームだと気づく前、仕事も人生も、ただつらいだけだった。けど俺はもう気づいたんだ。人生はゲーム」

「あのゲーム」

「だからそれは違うって」

「すみません」

「買い物だってゲームなんだよ。スーパーに入ってカートにカゴをセットしたら、あとは何分でレジまでたどり着けるか、それはゲーム」

「ゲームですね」

「受験勉強だって、歴史の年号と出来事でカルタをつくったら、それはゲーム」

「受験勉強にも使える」

「そうそう、暗記は全部ゲーム。それで東大行ったやつもいるって聞くしね。あのね～、努力しても長続きしないとか言ってる全俺に言いたいことは、努力を努力と思ってるうちは、それは努力ってこと」

「努力を努力と思ってるうちは、それは努力……」

名言風でなにも言ってないようでもありますが、なるほどゲームと思えばなんでも楽しそう。

「特にゲームが好きな人はね、身の回りのこと、なんでもゲームにしてしまえば、つらいどころか逆に夢中になるから。ほら、お坊さんが修行してるのだってあれ、人生でどのくらい徳を積めるかのゲームなんじゃない？　あ、時間だ」

そう言うとセールスマンは、いきなり立ち上がり、歩き出しました。

「1時間に一回、人に会うミッションをクリアしなきゃならないから、そろそろ行くね」

人生はゲーム。

少なくともあのセールスマンの人生は楽しいゲームに見えたミサキでした。

「ゲーム化するって、目に見えない成果をポイントに置き換えてるってことでもあるのかなぁ」

ミサキは、ぼんやりと、ふるさとガンバール国の家族の顔を思い浮かべていました。

「あ、お父さん、ガンバって本を読もうとするから続かないんじゃないかな。本の中に〝福〟って文字を10個見つけたら〝福が訪れる〟、みたいな感じでゲーム化した方が楽しく読めるんじゃない？　読んでない本、いっぱいあり過ぎだし」

そしてもうひとつミサキが思ったこと。

「それにしても会話って、ほんとに、おうむ返しだけで成立するなー」

福 1
福 2
福 3
福 4
福 5
福 6
福 7
福 8
福 9
福 10
集中、できなくね？

STAGE 3

美人とすれ違うと腕立て伏せをはじめる男

セールスマンが去った後、ミサキは一人公園に残り、道ゆく人を眺《なが》めていました。

「本当にこの国の人たちは、無理してガンバることなく、楽しそうにしてるなー」

なんだか、キラキラとスローモーションの世界のように見えてきます。

ところが、そのとき。

目の前を歩いていた男の人がいきなり、まっすぐ前に倒れました。

「え?」

「はあっ、はあっ、はあっ」

息が荒い。急病でしょうか?

いえいえ心配ご無用、その男の人はいきなり腕立て伏せをはじめたのです。

「はあっ、4、はあっ、5、はあっ、6」

どこからどう見ても無理してガンバっています。ミサキは思いました。

「え、ここはガンバラン王国だよね？」

なんだか、趣旨《しゅし》と合わない気がしてミサキは見て見ぬふりをして歩き出しました。

ミサキに限ったことではなく、人は辻褄《つじつま》が合わないことから逃げてしまうものです。

すると、

「はあっ、ちょっと君、はあっ、45、はあっ、待ちなさい、はあっ、いま、はあっ、事情を、はあっ、話すから」

ミサキは腕立て男に呼び止められてしまいました。

呼びかけられて逃げるわけにもいかず、その場で腕立て伏せを見るはめに。

「はあっ、98、はあっ、99、はあっ、ひゃーくっ」

男は100回の腕立て伏せを終えると、なにごともなかったかのように立ち上がりました。

「やぁ、こんにちは」

右手を差し出す腕立て男。

地面についていた手だよなぁ～、と思いながら、ミサキは軽く握手《あくしゅ》を交わしました。

「いきなり驚かせてすみません、旅の人ですよね」

「はい、さっきこの国にきました。でも、どうしてわかるんですか？」

「なんか、ガンバっちゃってる雰囲気あったから━」

いきなり腕立て男はそう言うと、ポンポンとなだめるようにミサキの肩を叩いてきました。

地面についた手をミサキの服で拭《ふ》いてるんじゃないか、とミサキはちょっと思いました。

「で、僕がなぜいきなり腕立て伏せをはじめたかという件だけど」

別に聞いてないけどなとも思いましたがミサキは「はぁ」と小さくうなずいて

みせました。

「美人とすれ違ったら、腕立て伏せをすると決めてるんだ」

「美人、ですか?」

「ほら、さっき白いブラウスを着た美人が通りかかっただろ?」

「見てませんでした」

「あ、そう? とにかくだ。僕は毎日、腕立て伏せをするって決めてるんだ」

「道でしなくても、スポーツクラブとか行けばいいのに」

「それじゃ続かないんだよ。ほら、よくいるでしょう、スポーツクラブの会員なのに行かなくなっちゃう人。行こう行こう、行かなきゃ行かなきゃ、お金ももったいないって頭ではわかってるのに行けない人」

ミサキは父親の顔を思い浮かべていました。

「あれね、段取りが多過ぎるんだよ。スポーツクラブってさ。

①朝起きて、②外着に着替えて、③顔洗って、④歯磨いて、⑤荷物用意して、

⑥靴履《は》いて、やっと家を出かけて、スポーツクラブに着いたら着いたで、⑦入館手続きして、⑧靴をロッカーに入れて、⑨またトレーニングウェアに着替えて、⑩器具のところまで動いて、やっと腕立て伏せができるんだよ。10も工程があるんだよ、そりゃめんどくさくもなると思わない？」

「たしかに、めんどくさいですね」

「なにかを続けたければね、段取りを減らすことが大事なんだよ。シンプル化！学校の宿題だって、いちいち片付けないで、やるページを開いたまま机に置いておけば次の朝、自然に机に向かうじゃない？　これイギリスのなんとかいう有名な学者も実践《じっせん》してるらしいよ。でさ、洗濯物《せんたくもの》だってハンガーで乾かしてそのままクローゼットにしまえばラクだし、書類の片付けだっていちいち、ファイリングしようとするから結局やらないでしょ。トレーにポイの方が結局、整理できるんだから。

段取りが多ければ多いだけ続かない。これは小学生でもわかること」

「たしかに」

「だから、僕は決めてるの。ただ倒れ込むだけ。自分の重さで自分を鍛《きた》える！」

「それで器具を使わない、腕立て伏せなんですね」

「そう、そこに倒れ込めば、運動できるのに、スポーツクラブに行く必要ある？」

「うーん、言いたいことはわかりますよ。わかるだけにちょっと言いにくいんですがー。

腕立て伏せ、道でやらなくても」

いきなり腕立て男は、ほらまたこの質問だ、とでも言いたそうな得意げな表情で答えます。

「僕にはスイッチが必要なの」

「スイッチ？」

「そう、条件反射だね。チャイムが鳴ったら昼休み、『サザエさん』を見たら日曜日も終わり、と同じようにね。自分にスイッチを装備しちゃうんだ。美人を見るだろ？　そしたら、モテたいと思うじゃない。だからカラダ鍛えて細マッチョになろう！　ってその気持ちを利用する。あー、きちゃったぞ、美人。ちくしょー、いま、腕立て伏せ終えたばっかりなのに」

いきなり腕立て男は、また、まっすぐ前に倒れこんで、腕立て伏せをはじめました。

「はあっ、1、はあっ、2、はあっ、3、はあっ」

でもミサキは納得いきません。

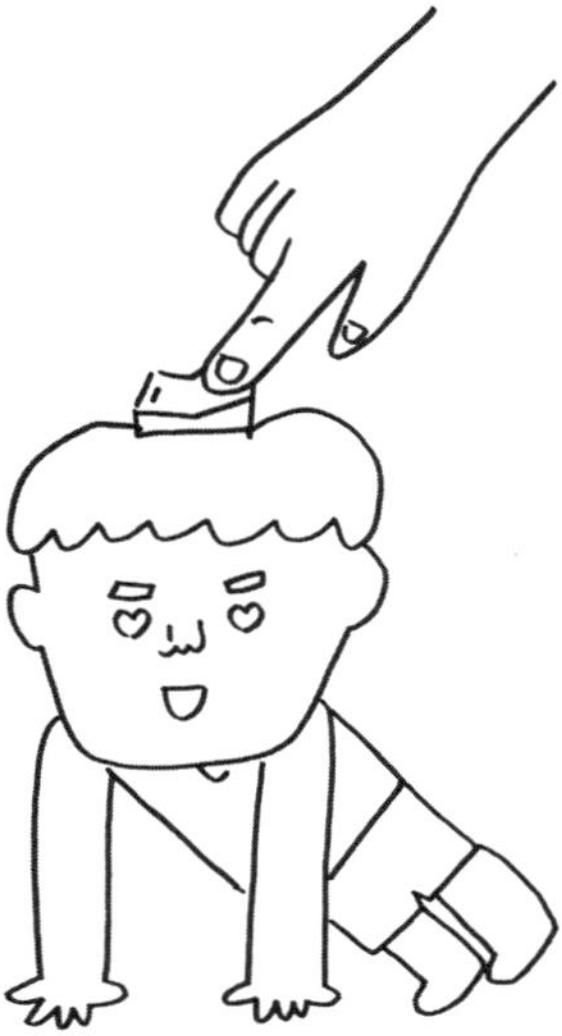

「美人を見ても、細マッチョになりたいと思わない人はどうすればいいんですか？」

いきなり腕立て男は腕立て伏せを続けながら、ドヤ顔で言いました。

「はあっ、11、それはね、はあっ、12、はあっ、自分をつき動かす、はあっ」

読むのも面倒だと思うので〝はあっ、12〟を省略すると、それはこうでした。

「自分をつき動かす、スイッチを見つけることこそ、人生なんだよ。

それはモテたいでも、お金持ちになりたいでも、有名になりたい、でもなんでもいい。

やる気のスイッチを見つけること。段取りを減らして行動をシンプルにすること。

このふたつさえやれば、あとはガンバらなくても自動操縦でうまくいく」

ガンバらなくても自動操縦でうまくいく！　いいことを聞いた気になるミサキでした。

STAGE 4

歯の真っ白なヨットマン

ミサキは公園を出て、また歩き出しました。

相変わらず行くあてもありませんが、気持ちのいい風が吹いていました。

顔に風が当たるのが気持ちよくて、わけもなく風に向かって進むことってありませんか？

まぁ、あんまりありませんかね。

ミサキが風に向かって歩いていると、細い路地がパッと開けて港に出ました。

「海なんか久しぶりに見たな〜」

ミサキが潮風を深呼吸していると、遠くから船が向かってきます。

「？」

船がなんだかまっすぐ自分の方へ向かっているような気がして気味が悪くなりました。

それで場所を変えようと、ミサキは左の方向へ少し歩きました。

でも船はまっすぐ向かってきます、ミサキめがけて。

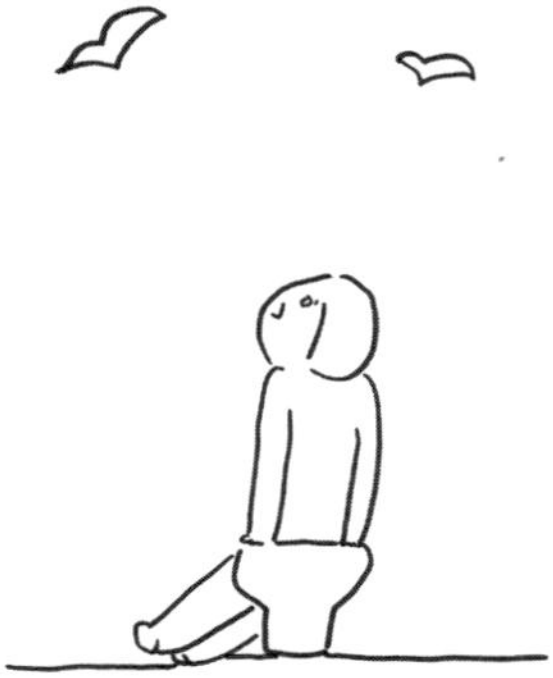

ミサキがもっと左へ走っていくと、船も舳先《へさき》をミサキの方へ向けるのです。

「なに、なに、なにー？？？」

ミサキがあたふたしているうちに、船は近づきミサキの前に停まりました。

ヨットです。

「やぁ！」

ヨットの中から、よく日に焼けた、やたらと歯の白い、おじいさんが顔を出しました。

誰に似てるって休日のサンタクロースって感じ。

「君はガンバール国からきたんだね」

「いきなりー？　なんでわかるんですか」

「肩に力が入ってる。気の毒だ」

「そんなのわかるんですか」

「わかるとも。肩に力を入れて生きているのは疲れるぞ。おじさんが、ガンバらない方法を教えてやろう」

「早速、本題なんですね！」

「ものごとには大人の事情というものがあるんだ。この場合は……文字数だ」

「聞かなかったことにします」

歯の白いヨットマンは甲板《かんぱん》に立つと、船のへりに片足を上げかっこいいポーズをキメます。

もちろん手はアゴで。

「では教えよう。ガンバらないで生きる方法」

「お願いします」

「必ず尽きるガソリンで走るな」

歯の白いヨットマン、キメ顔です。

でもミサキにはまったくわかりません。

「どゆこと？　ですか」

「だーかーらーっ」

歯の白いヨットマンはミサキの方に向き直って説明をはじめます。

「これは物のたとえなのっ。ガンバろうとする力、それは船でいうとエンジンだ。ガソリンがなくなれば止まってしまうだろう。それに比べてヨットはどうだ。風があればどこまでも行ける」

「でも風がないときは？」

「お休みだ」

「そんなでいいんですか？」

「ああ、いいんだ。ガンバってしまうと絶対に目標にたどり着かない。たとえばだ。君がこの港からニューヨークへ海を渡るとする。

これは大きな目標に向かっていくというたとえだ。やる気というガソリンをいっぱい積んで港を出る。最初はグングン進む。でも、いつかやる気が尽きれば海の真ん中で止まってしまう。これが必ず尽きるガソリンで走るなってこと。わかるかな？」

「はい、そこまではなんとなく」

「でもヨットならどうだ。そもそもやる気というガソリンなど積んでいない。ただニューヨークというゴールと、風を受ける帆があるだけだ。風がある日は進む、風がなくなれば休む、風が吹けばまた進む。こうしていればいつかは大きなゴールへたどり着けるだろう」

「え？　食料はどうするんですか？」

「そういう細かいこと言い出す人？　まぁ、いっぱい積んであることにして。それか途中でどっかの港に寄るとかさ。そういう設定でいいじゃない。ね」

「はい、まぁたとえ、ってことですね。動力になる風はなんのたとえですか？」

「時間だよ。やる気というガソリンに頼って燃え尽きるよりは、時間という風に乗って少しずつ目標に近づく方が確実、ということをだね、おじさんは言いたいわけだ」

お休みだ

「ガンバる気持ちはなぜ、そのうち尽きてしまう前提になってるんですか？」

「だってほら、ガンバってるってことは、どこかに少し、重い腰を上げてる、自分を奮い立たせてる、ちょっとイヤイヤやってるニュアンスが含まれるじゃない？

イヤイヤながらにゴール目指したらゴールに失礼だと思うよ」

「ゴールに失礼、ですかー。そんなこと考えたこともなかったなぁ～」

ミサキは腕を組み、ゆっくりと歩き出しました。

「たしかにガンバろうと思ってる時点で、ちょっと苦手意識だったり、自分に無理してるところはあるよなぁ～。意識して〝やる〟より、意識しなくても〝できてる〟ときの方が、なんかうまくいくもんなぁ～。毎朝の歯磨きだって別にガンバってるわけじゃないから続くんだよね～、あれ？ってことは無意識にカラダが動くようになればガンバらなくても、うまくいくってことか～。いや待てよ、その無意識にまで持っていくのが大変なんだよ。

だってやり方がわからないし〜」

ミサキはブツブツと言いながらもときた道を戻っていきました。

やたら歯の白いおじいさんは、また船の上でかっこいいポーズをとり風に吹かれています。

ミサキは「ありがとう」を言うことも忘れて夢中で考えていました。

目標に向かって、無意識に行動できるようになるにはどうしたらいいのか。

おじいさんはそんなミサキの様子が、ちょっとうれしくてかっこいいポーズのまま「ふっ」と小さな笑顔を見せていました。

そんなおじいさんのかっこよさに世界中の誰一人気づいてはいないけれど。

なんかコワイ...
ふっ

STAGE
5

英語を学べるケーキ店

どのくらい歩いたことでしょう。

吹き抜ける風に潮の香りがしなくなった頃、代わりに漂《ただよ》ってきたのは甘〜い香り。

ミサキはとある店の前で足を止めました。看板にはこう書いてあります。

「英語を学べるケーキ店?」

店の中からは昭和歌謡《かよう》らしきBGMが聞こえてきます。

♪紅茶の美味《おい》しい、カフェ〜♪

そのメロディに合わせるように歌いながら出てきたのは、どうやらこの店のマダム。

「♪英語を学べる、ケーキ店〜♪」

昭和歌謡に教養《きょうよう》のある人ならなんとなくわかる、強引な替え歌です。

「ハロー、こんにちは! マイネームイズ、スミ子。スミスじゃなくて、スミ子です」

ABC
英語を学べるケーキ店

でっぷりと落ち着いたマダムはミサキに満面の笑みを見せながら挨拶《あいさつ》。

スミスじゃなくてスミ子というのはアメリカンジョークの一種なのでしょうか。

ミサキは心の中で、つぶやいていました。

「生まれて今日まで、アメリカンジョークを一度も面白いと思ったことがない」

そんなミサキのビミョーな気持ちなどおかまいなし、
スミスじゃないスミ子は、ミサキに店の紹介をはじめます。

「ディスカフェテリアイズ……えーっと、このカフェテリアはね。イングリッシュ、つまり英語の勉強ができるお店ってわけなの。ドゥーユーアンダースターンド？」

「ええ、看板のまんま、という理解でよろしいでしょうか」

「イエース、あなたお察しがグッドよ。ちょっとお茶でもしていかない？」

実のところ、ミサキは英語が苦手でした。

しかもそのことをかなり気にしていたし、ちょうど小腹も空いていました。

それで、この一風変わったマダムの店に入ってみることにしたのです。

「ハーイ、こちらへどうぞ」

通された席にミサキは座りました。

あたりを見渡すと、12ほどあるテーブルは、ほぼ満席。

ふたつのテーブルでは外国人の先生にマンツーマンで英会話を習っている女性がいる。

他のテーブルの人たちは自分で本を読んだり、なにか書いたりして勉強しているようです。

英語で注文を聞かれるのが怖くてミサキは、先手必勝スミスじゃないスミ子に早速、注文。

「オレンジジュースをひとつください」

「オレンジジュースプリーズ」

スミスじゃないスミ子は厨房《ちゅうぼう》に向かって叫ぶとミサキにケーキメニューを差し

出しました。

「ケーキはどうする？」

「ケーキはいいです」

するとスミスじゃないスミ子は、とても困ったような顔をして言いました。

「ケーキはセットなのよ、どうぞプリーズ」

やっぱりちょっとやっかいな店です。

ミサキはメニューに目を落とし、ケーキの値段を探します。

でも表を見ても、裏を見ても、値段はどこにも書いていないのです。

こう見えて、ぼったくりの店かもしれません。

「ケーキはいくらなんですか？」

ミサキは思い切って聞いてみました。

するとどうでしょう、答えは意外なものでした。

「すべて無料なの。フリーよ。ここはガンバラン王国の国営のカフェで、ケーキも英会話もぜんぶ国が支払ってくれるから安心して」

「えー、そうなの!?」

ミサキはびっくりして思わずタメ口になってしまいました。

そういうことは誰にでもたまに、ありますよね。

「なんで無料、なんですか?」

ミサキが聞くと、慣れた口調でスミスじゃないスミ子は話しはじめました。

「ガンバラン王国ではね、英語の勉強を推奨《すいしょう》してるの。小さな国だからね、国内の需要だけじゃなく、いろいろな産業を海外に知ってもらって、商品を輸出していきたいから。

そのために英語って必要じゃない?　でも外国語勉強するの苦手な人、多いじゃない?」

「はい、苦手です」

「そんな人が英語を勉強しようと、うっかりガンバって挫折《ざせつ》してしまわないように！

ガンバラン王国では、英語とケーキがセットになってるの」

「英語とケーキがセット？　意味がわかりません」

「ケーキが食べたくなったらここにくる。すると英語の先生がついてレベルに合わせた英会話を教えてくれる。習いたくなかったら最初はケーキだけ食べて帰ってもいいの」

「ケーキだけがいいです」

「最初はそういう人もいるけど、一人で退屈にケーキ食べててごらんなさい。英語でもなんでも話しかけてくれる人がいたら、ちょっと意味知りたいなって思うもんだから」

「そういうもんですか」

「先生つけてあげるから、やってみる？」

「いや、いいです」

ミサキはきっぱり断りました。やっぱり英語は好きじゃないし。

ガンバラン王国に英語の勉強をしにきたわけじゃないと思ったから。

「あら、ざんねん。でもそれでいいの。ケーキだけ食べていくといいわ」

そう言ってスミスじゃないスミ子は、ミサキにケーキを勧《すす》めました。

「じゃ、モンブランで」

「ア・モンブラン・プリーズ！」

スミスじゃないスミ子が英語らしい発音で厨房に注文を通します。

ほどなくモンブランが運ばれてきました。

ミサキは思わず「サンキュー」と小声で言っていました。

「そうそう、グッドよ、その調子～」

スミスじゃないスミ子は、それを聞き逃すことなく大喜び。

「じゃ、ここにいる人はみんなケーキが食べたくて店にきてるんですか？」

ミサキが聞くと、スミスじゃないスミ子は、マジレス。

「そうよ。最初はね。あなた、習慣化ってわかるかしら？　英語の学習でもなんでも、ガンバるんじゃなくて、ガンバらなくても自然とできるようにならないと続かないの」

「あ、それさっきヨットの人も言ってました」

「あ、あのかっこつけじいさん」

「はい、かっこつけおじいさんでした。でもその、ガンバらなくても無意識にやれるようになるまでの方法がわからないんです」

「オ〜！　ノー！　あなた、それがケーキじゃない」

マダムは信じられない、といった様子でオーバーに両手を広げて首をすくめました。

「ケーキ？」

「なにごとも毎日、自然にできるようになるまでには、ほんの少しの助走がいるの。

たとえばスケートリンクみたいな氷の上でテレビのリモコンを滑らせるとしましょう」

「氷の上にテレビのリモコンですか⁉　ちょっと違和感あるなぁ〜。そのたとえ、カーリングじゃダメですか？」

「カーリングわかるなら話が早いじゃない」

「この間のゴリンピックで、ガンバール国のおじさんたちもみんな夢中になってました。競技見てるようなこと言いながら最後は女子選手の誰が可愛いとか言ってるんですよね。なんだかなーって感じですけど、おかげさまでカーリングは知ってますよ」

「氷の上で勢いをつけてストーンをすっと押し出す。そうしたら、あとはツルツル〜って滑っていくでしょ。勢いのままツーッと滑ってるこの状態が、習慣化とか自動化って言われる状態なの。ガンバらなくても慣性の法則でススーと進んでいく」

そうなるための方法、そこが知りたいところです。

「どうやったら勢いがつきますか?」

「いい質問よ、そこが大事。慣性の法則に乗るための工夫、それがケーキ！　ご褒美《ほうび》ってわけ」

「ケーキにつられて英語を勉強?」

「そうそう。スポーツクラブになかなか行けない人だって行っちゃえば運動するんだから。

行くまでに短い加速をつける。その方法がご褒美。

つまり、私たちのこの英語を学べるケーキ店は、やるべきこと（タスク）とご褒美がセットになった究極の学習施設ってわけなの～、ドゥーユーアンダースターンド?」

最後にとってつけたように、英語で尋《たず》ねるスミスじゃないスミ子。そして思わず「イエース」と答えてしまう、ある意味、乗せられやすいミサキ。

「でも」

ミサキはちょっと聞いてみたくなりました。

「ケーキが好きじゃない人はどうするんですか?」

スミスじゃないスミ子は、ここぞとばかりにドヤって答えます。

「姉妹店・英語が学べる居酒屋があるので、そちらへプリーズ!」

モンブランが運ばれてきました。ミサキは食べた。とても美味しかった。

「この国に住んでいたら、おやつを食べに、またきたくなりそうだな」

ミサキはちょっと、この店を気に入りました。

STAGE 6

宣言する男と予約する女

ミサキが英語で「ありがとう」を言って「英語を学べるケーキ店」を出た、そのとき！

「僕、明日5時に起きますから」

といきなり、知らない男に話しかけられました。

男は、パーティーに出かけるようなタキシードを着ています。

そして隣《となり》にはディズニーアニメのお姫様のうちの誰かみたいなドレスを着た女性。

「え？　あ。はぁ」

気の利いた返しもできず、ミサキがあたふたしていると、男はさらに続けます。

「5時です、5時に起きるんです」

いきなりミサキの手を握り、しっかりと握手《あくしゅ》してくるではありませんか！

「はい、あの、ガンバってください」

いきなり握手されたら、たいていの人は戸惑って、そんな感じで答えるでしょう。

でも幸か不幸か、ここはガンバラン王国です。

ドレスを着た女性が怪訝《けげん》な顔で声をあげます。

「まぁ、ガンバってください、ですって？」

「ここは、ガンバることが法律で禁じられているガンバラン王国だよ」

いきなり宣言する男も、追い打ちをかけます。

「す、すみません。ガンバール国から今日、到着したところで、その、ガンバる癖《くせ》が抜けなくて」

言い終わらないうちに、ドレスの女はミサキの話を遮《さえぎ》り、どこかへ電話で連絡している様子。

「ところで」

突然、宣言する男がミサキに問いかけます。

「なんで5時に起きるって君に言ったかわかるかね？」

「まっっっっっっっったく、わかりません」

ミサキはちょっぴりキレ気味に答えました。

「あのね」

タキシードの男は、ヒゲをなでながら続けます。

「人間の意志ってね、案外、弱いんだよね。だから、早起きガンバろう、なんて思っても、たいていの人は続かないの」

「それはよくわかります。ガンバール国でも早起きをガンバることは至難の業《わざ》とされていますから」

「でしょうな。それで我がガンバラン王国では、意志の力を使わずに早起きする方法として〝宣言〟することが推奨《すいしょう》されているんだよ」

「宣言って、あぁ、5時に起きますっていうさっきのあれですか？」

「そう。多くの人に宣言することで〝自分が自分に嘘《うそ》をつく居心地悪さ〟を避けるために、宣言通りに自分が動いてしまうんだ。いわば自分の行動シナリオを書いて、あとはなにも考えずにその通りに動く、という感じかな」

ミサキは心の中でこう思っていました。

「そんなことで本当に早起きできるなら目覚ましはいらないじゃない」

そんな疑いの気持ちを先読みしたかのように、いきなり宣言する男は続けます。

「疑ってるかもしれないけどね。10人に言うんだ。実際、君も10人に宣言してみるといい。10人ともきっと違うリアクションで君を励《はげ》ましてくれるだろう。そして翌朝、5時に目覚ましがなる。そのとき、君は励ましてくれた人たちの顔を思い浮かべるんだ。

〝君ならきっとできる〟〝5時に起きれば一日がきっと充実するよ〟、そんなことを言ってくれた人の気持ちを無駄にできるかい?　できるはずがないんだ」

「たしかにそうですね」

「だから君!」

と言うと、いきなり宣言する男はもう一度、ミサキの手をガッシリと握ってきます。

そして。

「僕、明日5時に起きますから」

と宣言すると小声で「なにかいい感じのこと言ってよ」と囁《ささや》きました。

頼まれては仕方がありません。

「そ、それはとてもいいことですね。朝日を浴びると幸運が充電されると言いますから」

と、ミサキは、いい感じのことを答えました。

これはガンバール国でお母さんが読んでいた雑誌の一節。

『ガンバれ夫人たち』の占いコーナーに載っていた言葉をとっさに思い出したのです。

「とてもいい言葉をありがとう、明日は5時に起きられそうです」

いきなり宣言する男はおおいに喜び、隣にいるドレスの女性のことも紹介してくれました。

頼みもしないのに。

「彼女は私の恋人です。私は〝宣言する男〟として知られているのですが、彼女はときどき、〝予約する女〟として雑誌にコラムなどを書いています」

「はぁ、予約する女、ですか」

「ええそうよ」

ドレス姿の〝予約する女〟は、得意げに話し出しました。

なんとも話し好きな人たちです。

「たとえばあなたがスポーツクラブに入会してるのに、ちっとも行かないとしましょう」

「はい、父がまったくそんな感じの人間です」

「それは意志の力に頼っているからです。さっき私のダーリンも申し上げたように人間の意志の力はとても弱いのです。

予約
宣言
予約
宣言

そこで私はガンバらずにスポーツクラブに通い続ける方法として〝予約〟を勧《すす》めています」

「予約ですか？　なんかフツーですね」

「フツーでけっこう。やってみればその効果がわかります。

予約するとね、相手がいるわけじゃないですか、インストラクターとかね。だから約束を破ったら申し訳ないなぁ～という気持ちからスポーツクラブに足が向くというわけです。これはスポーツクラブに限った話じゃありませんよ。ランニングだって一人よりも友だちと待ち合わせしていた方が続くし、ダイエットだって低カロリーなレストランや食材を先に予約しておけば、あとは自動的に目的に向かえるのです」

そして二人は、軽く手を取り合って踊りながら、

「僕は宣言することで、相手の励ましを無駄にしないように」

「私は予約することで、相手の時間を無駄にしないように」

そして二人は声を合わせ、

「自分だけでなく誰かを巻き込んで、目標に向かっていくのです」

と言いながら、宣言する男が、予約する女を抱きかかえて、ぐるぐると回りはじめました。

まるでラブコメのエンディングみたいに――。

でもミサキの物語はここでエンディングというわけにはいきません。

内心「もう、勝手にやってよ～」と思いながらも、ちょっと羨《うらや》ましくもありました。

「二人はお似合いだな～」

人とつながり、つながった相手の気持ちをエネルギーに目標に向かって動く。

いままで聞いた中で、一番やさしい「ガンバらない方法」かもしれない。

ミサキがそんなことを考えている間も、二人はまだぐるぐると回っています。

大丈夫でしょうか。

ぐるぐる

STAGE 7

いっきなり寝る男

「もう、帰ろうかな」

家出してみたところで夜になって行くあてもなかったら、帰りたくなるのも無理はありません。

遠くの高台にポツンと光が見えます。駅です。

「ガンバラン王国、面白いところだったな～」

ミサキは駅を目指して、歩き出しました。

「たった一日いただけでも、ガンバらずにゴキゲンに暮らしてる人たちの生き方のコツ、いっぱい知ることができたなぁ」

頭の中に今日、出会った人たちの姿がゆっくりと流れていきました。

黒い服の親子、いきなり腕立て伏せをする男、宣言したり予約したりするカップル……ミサキはいくつもの横断歩道を渡って、駅へと続く坂道を上っていきます。

帰り道というのは、なんだか旅の意味付けなんかしたくなってしまうものです。

「ガンバラン王国では、なんで、ガンバらないという文化が生まれたんだろう。ガンバらないことの本当の価値ってなんだろう。実際、これからガンバール国に帰って、まったくガンバらないで生きるなんてことは、たぶんできない。だとすると今日一日、学んだことは、どう生かしていけるんだろう」

そうこうするうちに、ミサキは駅前につきました。

くるりと振り返ると、ひっそりと優しい闇《やみ》の中に、街の灯りが小さくまたたいています。

「この光の数だけ人の暮らしがあるんだな」

ミサキはなんだか鼻の奥がツンとするのを感じました。

「さよなら、ガンバラン王国。ありがとう、ガンバラン王国。ここで学んだことを忘れないよ。いつかきっと成長して帰ってくる」

センチメンタルに浸《ひた》りながら、駅の方へ向き直ったミサキ。

そして驚いた。

なぜって駅が。駅が。閉まっていたから！

ミサキは、壁に貼ってある時刻表を二度見、いや、三度見しました。

「終電が8時10分って、そんなのアリー？」

時計を見ると夜の8時55分。

ミサキの住むガンバール国なら、夜中の1時過ぎまで電車は走っていて当然です。

でもここはガンバラン王国……。

ミサキが少し大きな声を出してしまったからでしょうか。

閉まっていた駅のシャッターをガラッと開けて、駅員さんが出てきました。

「旅の人ですか？　ごめんなさい、終電、終わってるんです」

「そうみたいですね」

とは言ったものの、ミサキに行くあてなんかありません。

「ここはガンバラン王国ですから、夜はガンバらずにゆっくりくつろぐものなんです」

「理解できます。でも電車が走っていないとなると、これから自分がどうしたらいいのか、わからないんです」

ミサキが相談すると駅員さんは、なぜか急にとても早口で答えます。

「それなら交番の近くにホテルがあるから行ってみるといいですよ」

言うが早いかさっさと引っ込もうとします。

でもミサキにはまだ聞きたいことがありました。

「あ、待って。そのホテルの値段は高いですか。お金をあまり持ってなくて」

駅員さんが振り返って、

「値段まではちょっと」

と言ったところで、ゴーン、ゴーンと街に鐘《かね》の音が響きわたりました。

どうやら9時のようです。

と、その瞬間。

「あぁ～っ、しまった」

と言うと、駅員さんはその場でパッタリ倒れてしまいました。

まるで銃で撃たれたみたいに、パッタリと。

「え？　大丈夫ですか？　駅員さん？　救急車、呼びましょうか」

ミサキはオロオロするばかりです。

だって目の前で人が倒れるなんて経験は、若いうちは、なかなかありませんから。

でも安心してください。

駅員さんは薄目でミサキを見ています、というか睨《にら》みつけています。

「寝るんです、静かにしてください」

目を閉じたまま、小声でミサキをたしなめる駅員さん。

「寝るって、ここで、ですか？」

「はい」

「風邪《かぜ》ひいちゃいますよ」

まったく状況がのみ込めないミサキ。でも駅員さんは、

「9時に寝るって決めてるんです。9時だから。寝るんです」

と目を閉じたまま、動こうとしません。

「なにも、そこで寝なくても!!」

ミサキはいろいろ心配になってしまいました。

だって駅と外の間、半開きのシャッターの下で眠ろうとするんですから。

「突然、そこで寝るのはどんな意味があるんですか?」

駅員さんは寝たフリを決め込んでいます。

「なにか意味があるんでしょう?　昼間に似たような人に出会いましたよ。

突然、腕立て伏せをする男性」

「あ、それ、ヤス!　うちのいとこね!」

と一瞬、起き上がって話しはじめそうになった駅員さん。

でも、「あ」と気づいて、また横になって寝たフリをはじめます。

「ガンバらないことと、いま、ここでいきなり寝ることは、きっと関係があるんですよね？　そうですよね？」

なおも食い下がるミサキ。

「はいはい、もちろん、ありますよ」

仕方なく駅員さんも答えます。

人って基本的には親切な生き物ですからね。

自分の知っていることは人に教えてあげたくなってしまうものです。

インターネットの某コミュニティーの中の人からこんな話を聞いたことがあります。

質問したい人より答えたい人の方が多くて質問が足りない、と。

おっと、話がそれてしまいました。

駅員さんは、これが最後ですよとばかりにカラダを起こすと、大きく息を吸って話しはじめます。

「僕が必ず9時に寝るのは、必ず5時半に起きるためです。よく毎日、早起きするぞ～と決めたのに挫折《ざせつ》してしまう人がいるのは、早く寝ないからです。ゴールを決めたら、スタートも決めなきゃうまくいきませんよ。勉強だってそうです。テストの日までに参考書を終えると決めたら、スタートする日も決めなくちゃいつまでもはじまりません。会社員の書類だってそうです。火曜日の10時までに提出します、と言ってるのに、いつも締め切りに遅れてしまう人は、『木曜日の3時にはじめて火曜日の10時までに提出します』と言い方を変えれば遅れなくなります。人はゴールにばかり気をとられてスタートをうやむやにしているのです。ガンバっているうちは早起きは続きません。カラダにとって必要な睡眠時間は必ず確保しなくては生きていけないからです。睡眠は無理してはいけないアイテムなのです。だから早く起きたい人は、自然に目が覚めるくらいの時間に寝ればいいのです。逆に言うと起きる時間を習慣化できない人は、なにも習慣化できないと僕は思います。電車のダイヤと同じですよ。始発が遅れたら全部、玉突きで遅れてしまうでしょう。時間は一方向にしか流れません。何度も戻って動画のお気に入りシーンを見返したり、ゲームのお気に入りのステージを何度もやるような後戻りは、現実の世界ではできないのです。なにかをガンバらないでやる、ということは、ある意味、時間の流れに自然に乗るということでもあるのです。だから朝、起きる時間を決めておくことは一日のリズムに乗る上で大切なことなので

す。もういいですか？」

「ありがとう、ございます」

本書一番の長台詞《ながぜりふ》をキメると、駅員さんはバタンと倒れ込み、また目を閉じました。

ほどなくスヤスヤと寝息が聞こえてきたところをみると本当に寝てしまったようです。


ミサキには行くあてもありません。

月のきれいな晩で、親切そうな人が目の前に寝ています。

ミサキは寝ている駅員さんのそばに、そっと座り込みました。

ここで夜を明かすのも悪くないと思ったから。


おやすみなさい。

TATION

STAGE 8

火曜日の淑女《しゅくじょ》

ガラガラガラガラガラ～！　なんの音？　正解はね、シャッターが開く音。

ガンバラン王国に朝がきました。

つまりガンバラン王国駅にも朝がきました。

シャッターが開く音でミサキが目覚めると、昨夜の駅員さんが、駅を開く準備の真っ最中。

「あ、おはようございます。昨日はどうも」

「そこで寝てたんですね」

と駅員さんは忙しそうに答えました。

「昨夜は君と話して寝るのが遅くなったおかげで、今朝は25秒の寝坊ですよ」と怒っているような笑っているような、どちらともとれる口調。

とてもいい天気で、高台から見下ろすガンバラン王国は平和そのものです。

本物の鳥たちも鳴いているし。

不思議なもので、明るくなるとミサキの心細さは朝露《あさつゆ》が蒸発するように消えていました。

代わりにムクムク持ち上がってきたのは、もっともっとこの国を冒険したいって気持ち！

「始発は6時ですよ」

駅員さんが教えてくれたけど。

「やっぱり、もう少し、ガンバラン王国を探検してから帰ろうと思います」

ミサキは街に向かって大きく深呼吸。

朝のひんやりした空気が、呼吸するたび、肺の中を洗ってくれるような気分です。

これまでガンバり過ぎて、知らず知らずに溜《た》め込んだ、いろんな想いを。

だからミサキは、何度も何度も「スーハースーハー」と貪欲に深呼吸を繰り返しました。

ロングブレスの美木先生もびっくりなほどに。

それを見て駅員さんが教えてくれます。

「朝、深呼吸して横隔膜《おうかくまく》を動かすと基礎代謝が上がるってテレビで言ってましたよ」

どの国でも呼吸法は無理なく続けられるダイエット法のひとつのようです。

「詩人の谷川俊太郎さんも、加藤俊朗さんと『呼吸の本』という本を書かれてます」

なにか返そうと、ミサキも教えます。

実際、ミサキは心を落ち着けてくれるこの本が大好きでした。

毎日ガンバって生きている人ほど、呼吸に意識を向けることは大切です。

でもガンバらないでうまくいく方法を見つけることはいまのミサキにとってもっと大切。

「駅員さん、今日、ガンバラン王国でオススメの場所とかありますか?」

駅員さんはちょっと考えて、思い出したように勧《すす》めてくれました。

「そうだ、今日は国王の面会デーですよ」

「国王の面会デー？？？」

「そう、月に一度、国王が国民と面会する日です」

そう言うと駅員さんは時計をチラリ。

「6時前か。いまなら余裕で整理券もらえると思いますよ、あそこで」

駅員さんが指差す方を見ると、遠く街の外れに大きな、立派な建物が見えます。

「あれがお城です」

「うわー、国の規模を考えたらお城、大きいですねー！

ガンバラン王国なのに、めちゃくちゃガンバっちゃってるじゃないですか」

「行ってみたらいいですよ」

「国王ってどんな人ですか？　国民じゃなくても会えますか？」

「整理券があれば大丈夫。国王はね～、うーん、どんな人？　おじいちゃん」

駅員さんに「ありがとう」を言うと、ミサキはガンバラン城を目指しました。

途中の商店街で「おはようさん」と声をかけてきたのは、掃除《そうじ》中のおばちゃんです。

「おはようございます」

ミサキは整理券をもらいたくて先を急いでいたので急いで通り過ぎようとしました。

でも急いでいるときほど誰かに話しかけられてしまうのが人生の不思議。

「あんた、どこ行くの？」

「あ、あのお城に。国王に面会するための整理券をもらいに」

「おばちゃんはな、毎週火曜日に、こ

こを掃除しとるんよ」

「はぁ、毎週火曜日に」

困ったときのリピート作戦です。

「このへんではな、火曜日の淑女っち呼ばれちょるんよ。暑い日も、寒い日も、雨の日もおばちゃんはな、ここを掃除しとるんじゃけ」

「火曜日の、淑女」

ミサキはおばちゃんをもう一度まじまじと見ました。

が、淑女的な空気は一切ない、ただの下町のおばちゃんです。

「みんながな、おばちゃんによく聞く

んよ。毎週火曜日に掃除って大変じゃありませんかってね」

「はい、そう思います。ガンバラン王国なのに、これはうっかりガンバっていらっしゃるんじゃないかと」

「ちがうんよ～」

おばちゃんは満面の笑みで、顔の前で手を振ってみせます。

「火曜日の淑女はな、火曜日ってトコがミソじゃけ！　曜日で決めてしまえばな、人はたいがいのことは、やってしまうんよ。たとえば一番、いい例が、ゴミ出しじゃ。

おばちゃんトコは月曜日と木曜日が燃えるゴミで、金曜日が缶とか瓶《びん》のリサイクルなんよ」

「あ、うちも同じです」

「同じ？　なんかうれしいな。ならよぉ聞いて。月曜日と木曜日にゴミが出せる人はな、火曜日に街の掃除と決めたら掃除できるんよ。塾でもなんでもな、火曜日と金曜日に行くもんて決まっとれば行くんじゃけ」

「たしかに」

「じゃけ、なにか続けたいことがあったら曜日で決めるんよ。月曜日の何時は英会話、とか決めておけばそれが当たり前になるんじゃけ」

「あ、それうまくいきそうです」

「ほな、もう行き〜。整理券なくなってしまうじゃろ」

「え……」

自分で話しかけて足止めしておいてこれですから、火曜日の淑女、おそるべし。

でも、たしかに曜日で決めてしまえば案外、当たり前に動いてしまうかもしれません。

「ありがとう」と自称・火曜日の淑女にお礼を言って、ミサキは先を急ぎます。

「整理券、まだ残ってるかなぁ〜」

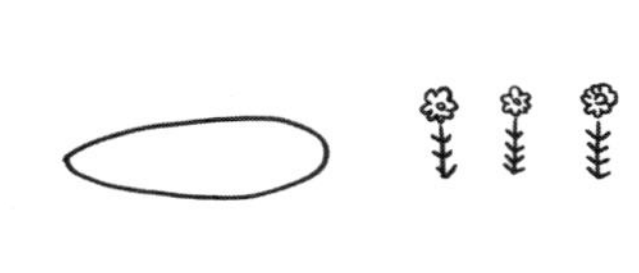

STAGE 9

ノンフィクション過ぎる俺小説家

たくさん歩いて、ミサキはガンバラン城へとたどり着きました。
ガンバラン王国のラスボス、国王に会う整理券をもらうために。
ガンバラン城、それは山の上の駅からも見えた、大きくて立派な建物。
城というよりは東京都庁みたいなビルに近い。
「これがガンバラン城か～。やっぱり、ちょっとガンバっちゃってる感じするけど～」
ミサキは、城の敷地に足を踏み入れました。
すると？
「へ？」
ペラペラです。ペラペラなのです。
表から見るとあんなに立派だった建物が、カキワリのようにペラッペラ。
たとえて言うならそれは、漫画『おぼっちゃまくん』のキャラクター、貧保耐《びんぼたい》三《ぞう》。

前半分だけ立派なスーツで、後ろは裸という、あの強烈な見掛け倒し感を放っています。

「さすがだなー、一見ガンバってる風に見せておきながら実はものすごく〝脱力〟してる建物。これはまさにこの国の哲学を表しているに違いない」

ミサキはなんだかすごくいいものを見た気がして興奮していました。

ペラペラながら30階建くらいある高層ビルの入り口をくぐると、そこは街の公園くらいの中庭。

向こうに2階建の公民館みたいな建物が見えます。

「これが城？」

公民館みたいな建物の入り口に会議机が出してあり、お姉さんが一人座っています。

あそこで受付でしょうか。

お姉さん以外に、人の気配はありません。

火曜日の淑女《しゅくじょ》とおしゃべりしている間に整理券はなくなってしまったのでしょう。

ミサキは後悔しました。

「せっかく月に一度の面会日だったのに」

すると、受付のお姉さんがこちらに向かってなにか叫んでいます。

「国王に～ご面会ですか～？」

整理券についてのインフォメーションのようです。

「はい。でも～、受付、終わってますよねー？」

「こちらにいらしてくださーい」

受付のお姉さんに手招きされるままに、ミサキは近づいていきます。

笑顔のとてもかわいいお姉さんです。

「はい、こちらになりますっ」

お姉さんは両手で整理券を渡して、ニッコリ！

見ると券には「1」と大きく書いてあります。

「1？　1番ですか？」

もうすっかり整理券なんかなくなっているとあきらめていたミサキは驚いてあたふた。

「はい。あ。ちょっと待ってくださいね」

お姉さんは足元に置いた紙袋からゴソゴソとなにかを取り出します。

つられてお姉さんの足元に目をやるミサキ。

お姉さんが案外、ミニスカだったので、慌てて目をそらしたことは秘密です。

「はい、こちら国王のサインになります」

「サイン？」

お姉さんはが渡してくれたのは一枚の色紙、サイン入りの色紙です。

「今日は特別にですね。一番最初にきてくれた人に渡すように、と、国王が書かれました」

「国王ご本人がですか？」

ミサキが色紙に目をやると、真ん中に大きく「王」の文字。

「え？　まさかこれだけ？」

と思ってさりげなく裏返してみたが、やっぱりそれだけです。

「10時にもう一度、ここへお越しください」

とお姉さんは言って、机を片付けはじめてしまいました。

「もう受付終了ですか？」

「はい、もう時間ですし」

「(国王の面会、案外、人気ないなー)」

とミサキは微妙《びみょう》な気持ちになりながら、とりあえず城を後にしました。

そういえば、朝からなにも食べていません。

城の前の通りに、赤と白のギンガムチェックの看板が見えたのはパン屋さん。

ミサキは迷わずパン屋さんに直行しました。

パン屋さんでは誰もがそうするように、ミサキがトレーとトングをとり、パンを選んでいると？

窓の外にさっき国王との面会受付をしていたお姉さんが通るのが見えました。

ひと仕事終えて、お姉さんも、朝ご飯を買いに出たのでしょうか？

そこへ一人の男がやってきて、お姉さんに話しかけました。

その様子を、見るともなく、パンの向こうのガラス越しに見ていたミサキ。

すると突然、

「ほんとにやめてくださいっ」

と言ってお姉さんが男性の顔に平手打ちをしたではありませんか。

あっというまの出来事で、なにが起こったのかミサキには理解できません。

びっくりしたけれど、見なかったことにして、ミサキはパンを選び続けました。

やっかいごとには首を突っ込まないのが一番ですからね。

ミサキがトレーに乗せたのは、まだあたたかそうなソーセージパン。

いつの世も、パンの甘い香りは、すべてをうやむやにしてくれる力を持つ。
ミサキは気を取り直し、会計を済ませて店の外に出ました。
すると目に飛び込んできたのは、電柱にノートを押し付けて、なにか書いている男！
いい大人が、明らかに変です。
ミサキは関わらないようにゆっくりと後ろを通り抜けようとしました。
と、そのとき！
「そこの人、ちょっと私をなぐさめてくれないかな？」
と男が話しかけてくるではありませんか。
こういうのは関わってもやっかいですが、断るのはもっとやっかいです。
「はい？」
とミサキが足を止めると男は、
「いま、ちょうど〝通りすがりの若者が肩を叩いてなぐさめてくれた〟と書きた

いところなんだ」

と変なことを言い出します。

こういうときは逆らうよりテキトーに合わせておくに限る。

「こうですか？」

ミサキは男の肩をポンポンと叩いて、なぐさめるようなポーズをしました。

「くぅぅぅぅ」

男は泣き出しました。

「うぉっ、うぉっ」

けっこう激しく泣いています。

「ごめんなさい」

思わず謝るミサキ。

すると男は、ケロッとして涙に濡れた顔をあげました。

「いえいえ、ありがとう！」

「え？　は？　どゆことですか？」

男は自分を語りはじめます。

「私はこの国で人気のノンフィクション作家！　ノンフィクションらぶ男と申します」

「ノンフィクションらぶ男、さん？？」

「おっと、ご存じないようだね。君はよほど本を読まないか、よそ者に違いない」

「はい、昨日ガンバール国からやってきたところです」

「なるほど。私は本当に起こったことだけを記録して小説にしている、ちょっと有名な作家なんだ。だからいま、こう書いていたところだよ。

〝カズミはらぶ男を平手打ちしてこう言った。

『ホントにやめてください』〟。

去っていくカズミの後ろ姿を、らぶ男はただ立ち尽くして見送るしかなかった。

らぶ男の頬《ほお》は熱く燃えていた。それが恥ずかしさからくるものなのか、はたまた怒りのような感情なのか、叩かれた頬に流れ込む血潮《ちしお》のせいなのか、当のらぶ男にはわからなかった。いや、むしろわかろうとすらしていなかったのかもしれない。

どのくらいそこで放心していただろう。

ポン、ポン。と、肩を叩かれ、らぶ男は我に返った。

なぐさめてくれたのは通りすがりの若者だった。

らぶ男は泣いた。男泣きに泣いた〟——どうだい？」

「ええ、なんか、若者の登場が唐突っちゃ唐突ですけど、いい感じだと思います。

で、これがその、なんでしたっけ？」

「本当に起こったことだけを書いていく小説。さっき言ったはずだよ」

「いやなんのためにかなーと思って」

「これは目標を達成するためにやっていることなんだ。

ホントにやめてくだ

君、レコーディングダイエットって流行《はや》ったの知ってる？」

「はい、お母さんが昔やってました。食べたものを記録するだけで痩《や》せるってやつ、あれですよね」

「そうそう、目標を決めて、ゴールに向けての行動を、記録して可視化《かしか》するあれね。

ダイエット中ならカロリーの高いものを自然に避けるようになるし、記録に残すなら、悪い記録よりいい記録を残したくなるのが人の心というものだよ」

「それといまの小説はなにが関係あるんですか？」

「よく聞いてくれた。私は記録することで恋愛を成就させようと試みているんだ」

「レコーディングダイエット、の、パクリで、レコーディング恋愛成就！」

「ま、そんなところかな」

「お相手があの、お城の受付のお姉さん」

「カズミさん、っていうんだよ。私はね、彼女と結婚できたら、どんなに毎日が楽しいだろうって夢見てるんだ。だから自分の行動をこうして記録していくことで、ゴールに近づいていこうというわけさ」

「ややこしいですね、もっといい方法ありそうですけど。で、うまくいきそうなんですか？」

「ここまでは、なかなか順調だよ」

ノンフィクションらぶ男は小説を書きかけたノートをギュッと握りしめ、胸を張りました。

「（あんなにビンタされてたのに？）」

とミサキは、ちょっぴりおかしくなりました。

ノンフィクションらぶ男は小説を書き溜《た》めたノートを見せてくれます。

「ほら、はじまりはこうだ。

〝遅刻しそうな朝だった。

パンをくわえて街を走っていたら偶然、向こうから歩いてきた女性にぶつかった〟」

「ベタなはじまり方ですねー。え。これまさかやったんですか？」

「カズミさんと知り合いになりたかったからね。そこの角でパンをくわえて待ち伏せし、カズミさんが見えたところで勇気を出して走り出したよ」

「ほぼストーカーですね」

「小説家です！　続きを読むよ。ここなんかすごくいいんだ。

〝翌朝のことだ。いつもの通勤ルートを歩いていると昨日の女性とすれ違った。名前も知らない彼女は、私に、会釈《えしゃく》をして通り過ぎた。その瞬間。さらさらと揺れる黒髪が恋のメロディーを奏《かな》でた〟――どうよ」

「くっさ」と言いそうになったがミサキはぐっと我慢した。

「いいと思います、黒髪のなんでしたっけ？　メロディー？」

「そう、黒髪が奏でる恋のメロディーだよ」

「でも、どうしてそんなめんどくさいことするんですか？　カズミさんが好きなら、普通に告白すればいいと思うんですけど」

「なにを言うんだ。それができたら小説はいらないよ。恋ってね、なんか力が入って、ガンバってしまうじゃない。好きな人に自分をよく見せようと必要以上におしゃれしたり、デートコース考えたりしちゃうじゃない。しちゃわない？　でもね、恋ってさ、ガンバればガンバるほど、うまくいかないものなんだよ。だから私は、うっかりガンバらないために、こうして自分の行動を記録してだね……」

「あ、勇気が出ないんですね。勇気を出すために、らぶ男さんはシナリオを書いて、その通りに動いてるんだ」

らぶ男は黙ってしまった。黙った代わりにノートを開いて続きを書き出した。

「〝若者は言った。あなたに足りないのは、勇気だ〟」

若者は 言った
あなたに足りないのは
勇気だ
LOVE

FINAL STAGE

ラスボス登場！　ガンバラン国王謁見《えっけん》

FINAL STAGE 1

〝ガンバらない〟のラスボス現る

9時55分。

ミサキはさっき整理券をもらった受付の前にいました。

「10時にもう一度、ここへお越しください」

と、受付のお姉さんに言われていたからです。

お姉さんが、あのノンフィクションらぶ男の片思いのお相手だということはさておき。

早朝とは打って変わって、お城の敷地内は人通りも増え、賑《にぎ》やか。

「それにしても薄いなぁ～」

城は前から見ると高くて立派ですが、本当にペラペラです。

ドッジボールの強い子が球をなげたら壊《こわ》れそうなほどに。
そして中庭の奥にある本物の城は、ミサキが通う学校の校舎より小さく見えます。
と、突然。頭の上で賑やかな演奏がはじまりました。
見上げるとそれはカラクリ時計！
みなさんも遊園地や大きな商業施設などで見たことがありますね。
建物にくっついている時計、その下あたりの扉が、パカッと開くあれです。
中から人形の鼓笛隊《こてきたい》が演奏をしながら出てきては、レールを回って戻っていく。
鼓笛隊人形の後ろには馬車のオブジェや、家来のような人形たちが続きます。
「わぁ～、なんか懐かしいな。こういうの見上げる余裕、ずっとなかった気がする」
ミサキは目を大きく見開いてカラクリ時計を眺《なが》めていました。
「(こういうのってだいたい鼓笛隊の人形、馬車、家来、鼓笛隊の人形、馬車、家来って、3周くらいしたら、引っ込んで、扉が閉まって、10時の鐘《かね》がゴーン、ゴーン、とか鳴るんだよね、たぶん)」

そんなことを思いながら3周目の鼓笛隊が出てくるのを見上げていると……。

「ん?」

ミサキは目を丸くしました。

いや、目は最初から丸いとか言う人もいますけどね。

それは瞳ですよ。

ミサキは目を丸くして、さらに二度見しました。

「やっふぉーい」

カラクリ時計の真ん中の小さな馬車に無理やり、人が乗っているのです。

しかも無邪気な子ども、ではなく、おっさんです。

「え? は?」

「やっふぉーい、ようこそ、ミサキー」

まるでベビーカーに大人が乗ってはみ出しているような。

　そんなビジュアルのおっさんがこっちに向かって手を振っています。白髪をリーゼントにしていて、ヒゲも真っ白。

「なにこれ」

　ミサキはなんだか恥ずかしくなって、うつむくしかありませんでした。で、うつむくと下からちょっと後ろ側が見えるもの。

　うつむいたミサキの視界に入ったのは、お城前広場の地面にかしずく

国民たちの姿。

「え？」

振り向くと、みんなキラキラした笑顔でおっさんを見上げています。

「まさかの？」

時計の方を見直すと、おっさんはニッコニコの笑顔でミサキを大きく手招き！

「ミサキーっ。自慢じゃないけど、ワシが国王だよー。こっちこっちー。おいでー」

「あの人が王様なのー？」

「さ、どうぞ」

戸惑うミサキをよそに、家来っぽい服を着た人がやってきてミサキを案内しました。
ミサキはその家来っぽい人たち二人に連れられて城の中へ入っていきます。
城の扉を抜けると、中は、学校みたいな質素な外観とはまったく違った印象。
ひと言でいうとゴージャスです。
廊下《ろうか》には大きくて立派な絵が並び、足元のレッドカーペットは、ふっかふか！
「なんか、中、すごいですね」
ミサキが言うと家来っぽい人たちが誇らしげに答えます。
「はい、ガンバラン王国は小さな国ですが世界的な画家や職人がたくさんいますから」
廊下の絵は、たしかにミサキも教科書で見て知っている画家の作品ばかりです。
キョロキョロしながら進み、おしゃれな手すりの螺旋《らせん》階段を上っていくと？
そこには大きな扉！

いよいよ国王と面会するときがやってきたようです。
ミサキは、小さく深呼吸。
ちなみに扉の横の表札には「王様」と書いてありました。
なんてわかりやすい！

FINAL STAGE 2

ガンバラン王国の勉強法

トントン。

家来っぽい人がドアをノックすると中から、すっとんきょうな声が聞こえました。

「どうぞ〜ん」

いよいよです。

大きな扉をギギギと押して、ミサキは中に入ります。

「こんにちは。ミサキです」

「お〜、ミサキ。待ってましたよ、もう50年待ったかなぁ」

「あの、ごめんなさい、3時間前に知って2時間前に申し込みました」

家来も口を挟みます。

「国王が国王になられたのも40年前です」

「あ、そう？　ま、細かいことは気にせずリラックスして」

と国王は、ミサキの肩をポンポンと叩きました。

その姿はまぎれもなく、さっきカラクリ時計の馬車に無理やり乗っていたおっさん。

近くでよく見ると、いわゆる一時期流行《はや》ったチョイワル風のイイ男です。

着ているものは、子どもが王様の絵を描くとだいたいこうなる、みたいな服。

つまり、赤い学ランみたいな上下に、勲章《くんしょう》をジャラジャラつけて、マント。

国王は興味深そうに尋《たず》ねます。

「で、君、どこからきたの？」

「ガンバール国です」

「あ、そんな感じしたよ」

「わかります？」

「ま、なんとなくだけどねー」

軽い、軽い、国王、めちゃくちゃ軽〜い感じのおっさんです。

「それで、うちの国になにしにきたの？　王様がかっこいいから？」

「いえ」

「ちょっと君、そこだけずいぶんキッパリしてるねぇー。まぁいいけど」

「すみません。あの、国王のことは存じ上げなかったんですが、この国に勉強のためにきました」

「ほぉ、勉強？」

国王の目の奥がキラリと鋭《するど》く光った、ように見えました。

「勉強ってどゆこと？」

「はい、生き方の勉強、というか。

故郷のガンバール国ではみんなとってもガンバってるんです。朝も昼も夜もすごく、ガンバってる。なのに、なんかギスギスしてる。ガンバっても、ガンバっても、次のガンバることが出てきて、いつまでたっても報われない。仕事もそうです。勉強もそうです。ダイエットだって貯金だって営業だって、みんなガンバってるのに、ちっとも思うようにいかない。それで、なんとなく、その〜、やり方が間違ってるんじゃないかって気がして。ガンバらないのにうまくいってるっていう噂《うわさ》のガンバラン王国に、その秘密を探りにきたというか」

「つまり〜、君、スパイってわけね」

国王が言うと、その瞬間、ガチャッと音がしました。

振り返ると家来っぽい人たちがミサキに銃口を向けています。

ミサキは凍《こお》りつきました。

「いや、そういうわけじゃなくて」

「いいの、いいの、スパイでもなんでも。ワシ、すっぱいもの好きだから」

国王が言うと、パンパーンと乾いた銃声が鳴り響きました。

終わった？

いや、家来っぽい人たちの銃の口から、紙吹雪が飛び出しています。

ダジャレも行動も、独特～！

ミサキは、ドッと汗をかきました。

「ごめん、ごめんね、驚かすつもりはなかったんだよ。ただちょっとびっくりした顔が見たかっただけ」

「一緒ですよ、そんなの」

へんなところにきてしまったとミサキは後悔しました。

まぁこの状況なら、あなただってきっとそう思うでしょ。

「君も、ガンバってるのにうまくいってない系？」

国王がミサキに尋ねます。

「はい。親に勉強しなさい勉強しなさいって言われて、ガンバって机に向かってはみるんですが、なんというか、なんのために勉強なんかしなきゃいけないのって気持ちが出てきてしまって。ガンバって勉強したって大人になっても、またガンバって仕事しなきゃならないし、ガンバって勉強したところがテストに出るとも限らないし。

なんかもう、どこを切り取っても虚《むな》しいなって」

「わかるーっ」

国王は食い気味に入ってきた。

「わかる、わかる、わかるーっ。

ワシもね、高校生の頃、先生に聞いたことあるわけ」

「なにをですか？」

「なんで勉強なんかしなきゃいけないんですか、だよ。だってそう思わない？

数学の公式なんか覚えたってさ、大人になって使いそうもないでしょ。ワシのお父さんもお母さんも因数分解《いんすうぶんかい》とか使ってなかったし。せいぜい、足し算と引き算と掛け算くらいじゃない？　月に一回くらいしか使わないし」

「あ、それホントそう思います」

「ね」

おやおや、国王とミサキは手を取り合ってブンブン振り回して喜び合っています。

家来っぽい人が咳《せき》払いをしたので、慌てて手を離し、国王は話を続けました。

「でね、ワシの先生はこう言ったわけ。女の先生だから女の声で言うぞ」

それって必要ある？　と思いましたが、ミサキは言葉をのみ込んで耳を傾けることに。

国王は話を続けます、本当に女性っぽい声で。

「あのね、国王くん。勉強ってね。砂金探しのようなものなの。ザルを持って川に入ってね、何度も何度も砂をすくう。そのたびに、砂はザルの網《あみ》の目からこぼれていってしまう。なんだかちょっぴり虚しいわね」

ここで国王は、突然、元の声に戻りました。

「ワシはそこで、かわゆくコクっとうなずいたんだよ。それを見て先生はワシに惚《ほ》れたような目をしてたなぁ」

絶対ない！　と言いたくなりましたが、ミサキはおとなしく聞くことにしました。

国王はまた女性の声になって続けます。

「砂はザルの網の目からこぼれていってしまう。なんだかちょっぴり虚しいわね。でもね、ほんのときどき、そのザルに金の小さな塊《かたまり》が残るの。それが価値のある砂金ね。国王くん、わかる？　勉強は網の目からこぼれていって一見、無駄に見える。でも、ほんのときどき砂金みたいに心に残る知恵があって、それが国王くんの人生を豊かにしてくれる宝物なのよ」

国王は、いいことを言っただろう、みたいな顔をしてミサキにゆっくり微笑《ほほえ》んでみせます。

そして元の声に戻って、

「どうだい、勉強は人生の宝に出合うためにするもんなんだよ」

キマった、みたいな感じで国王はミサキの感想を待っていました。

こういうときはなにか、褒《ほ》めたりお礼を言ったりするのがマナーかもしれません。

が、ミサキはよくも悪くも、わりと率直です。

「え〜っと、逆に言うと、勉強のほとんどは無駄って解釈でよろしいでしょうか」

ミサキが尋ねると、

「ま、そゆことかな。ワシもそれ言われてずっと勉強してるけど、人生の宝にまだ出合ってないいんだよね〜」

と、いたずらっぽく国王は笑います。

それから、

「あとね、『教えてもらう前と後』って番組で池上彰さんが因数分解のこと言ってたんだけど。あ、そっちの国でもやってる?」

「はい、役に立つ系は、すごく人気です。でもその回、見てなかったなぁ～。ていうか、因数分解って、一番、使えないイメージです、大人になるまでにやり方、忘れてる絶対」

「そーれが違うんだって。因数分解は計算のためにあるんじゃなくてね、ものごとを相手にわかりやすく説明するために必要なんだってさ。因数分解って共通項を見つけて、くくるじゃない? 人にものを伝えるときも、共通してる部分を見つけて、ひとくくりにして話すとわかりやすいらしいよ。それが大人になってから役立つ因数分解の使い方。

うーん、たとえば～」

ミサキは頭がこんがらがってきました。

国王は続けます。

「藤森慎吾さんと、松本人志さんと、光浦靖子さんと、たかまつななちゃんと、白鳥久美子さんをお題に、なにかしゃべれる？」

「えー。みんな芸人ってことくらいしか言えないですね～」

「でも、こういう因数分解にしてみたらどう？　共通項をくるわけだから、
メガネ（藤森＋光浦＋たかまつ＋白鳥）＋松本」

「なるほど」

メガネでくくることで、なにか語れるかもしれない、とミサキは気づきました。

メガネで見た目の特徴《とくちょう》を出そうとする芸人と、そうでない芸人の芸風、とか？

国王は得意げに続けます。

「ちなみに北野武さんは、映画つくるとき、因数分解、使ってるらしいよ。

殺す（一人目＋二人目＋三人目）

この式だと単調になるから、

殺すシーンしっかり見せる（一人目）＋死体だけ見せる（二人目、三人目）

みたいな感じに使うんだって。ま、どっちにしろ、いっぱい殺してるけどね」

わかったような、わからないような。

でもなんとなく、勉強は将来、なにかに使えるかもしれないことだけは感じたミサキでした。

「勉強もね、ガンバっちゃダメなの。意味がわからないでやるから苦痛なの。勉強大事だなって腑《ふ》に落ちたら、ガンバらずにすっとできるから。

納得してからやった方がいい。ガンバるのが一番、ホントにダメ。無駄。

結果出ないよね、ガンバってもさ。みんな心のどこかでわかってるのに、ガンバるの宗教みたいなのに入って〝ガンバることこそ素晴らしい〟って思わされて苦しんでる。

ワシはそんな無駄な苦しみから国民を解放したいんだ」

FINAL STAGE 3

ガンバラン王国の歴史

「なんで、この国はガンバることを禁止してるんですか？」

国王があまりにガンバことを否定するから、ミサキは尋《たず》ねてみたくなりました。

ガンバるになにか恨みでもあるんでしょうか？

「やっぱりそれ、聞いちゃいますか」

国王は遠く窓の外に目を向けました。

その間に、家来っぽい人たちが、そそくさと巻物を広げて壁に貼り付けています。

けっこうアナログですね。

それは国の歴史がビッシリと書かれた古めかしい年表。

「かいつまんで話そう」

国王が、やっとまじめに話しはじめます。

「かつてガンバラン王国とガンバール国は、ライバル関係にあったのだ」

そう言うと国王はかっこよくヒゲをなでました。

それからなかなか口を開こうとしません、30秒、1分、1分30秒……ミサキは心配になりました。

「(かいつまんで話すって言ったけど、まさかこれだけじゃないよね)」

もしくは、よほど言いにくいことがあるのでしょうか。

ふたつの国の間に起きた悲しい出来事、とか?

ミサキはじっと待ちました。

国王はまだヒゲをなでて遠い目をしています。

家来っぽい人の一人が、ヒソヒソと国王に耳打ちをしました。

「あぁ、そうだな」

国王はようやく続きを話しはじめました。

「1948年、王家の後継者争いで、ふたつに分かれた国。それがガンバール国とガンバラン王国だったのだ」

家来っぽい人が小声で、

「いつも建国の年を忘れちゃうんだから〜」

とボヤいているのが聞こえました。

クイズ番組の「ファイナルアンサー」の後くらい長い長い「間《タメ》」に意味はなく、ただ忘れていただけだったとは。

「で、かいつまんで言うと、ふたつに分かれた国は、お互いに負けたくないと、どちらが経済や文化が発達するか競い合って、ガンバりにガンバり合っていた。

そこに玉のようなかわいい王子が生まれた。

ワシだった」

玉のようにと、前置きを聞いた時点でそんなことだろうとは思っていましたよね。

「そしてワシが9歳になった年。ワシのお父さんとお母さん、つまり国王と王妃は、飛行機の事故で……」

幼くして両親を亡くした？

こんなにチャラく見える国王にも悲しい歴史があったのでしょうか。

国王は続けます。

「飛行機の事故で……不時着した南の島が気に入ってしまい、両親はそっちの島に亡命して、いつしかそっちの島の国王の座についていたんだ。手紙が一通届いたよ。

〝そっちはよろしく！　君ならやれる！　じゃねー！〟」

両親は生きていました。

よかった、けど、国王の身になって考えると、ある意味、思ったより悲しい歴史です。

つまり10歳を前に両親と離れ、幼くして国王の座についたということ。

ライバルのガンバール国に勝つためにガンバリにガンバったそうです。

当時の国名はガンバール国と、ガンバル王国。

どちらの国の国民も威信《いしん》をかけて、力の限り、ガンバって競い合っていたそうです。

「ところがだ。国民の手本になろうと、ガンバればガンバるほどワシの仕事が増えたんだ。

10歳やそこらだからとナメられちゃいけないと思って、ワシはなんでも自分でガンバったんだ。スピーチの原稿も全部、自分でガンバって書いたし、自分のご飯は自分でガンバってつくった。誰にも文句を言わせないくらい栄養バランスも考えてな。

城の庭の植木の手入れもガンバったし、国に鉄道ができることになれば世界の鉄道をガンバって勉強して口も出した。でもガンバればガンバるほど、なんかうまくいかないんだよ。自分でやったところの植木は枯れるし、国民からはろくに花も育てられないと批判されるし」

「でも」

ミサキは思わず口を挟んだ。

「さすがに、植木なんて国王がやらなくていい仕事ですよね」

「そう。そうなんだ。ワシは国王がやらなくていい仕事まで自分でやってすごいだろう、というガンバりを国民にアピールしたかった。しかし、やらなくていいことまでやってるのに、ちょっとうまくいかないと批判されて悲しかった。そしていつしか、なにもかもやる気を失ったんだ」

「王様、大変だったんですね。それ完全にウツ入ってます」

ミサキは心底、気の毒に思いました。

国王は続けます。

「それである日、ついに、それ以上、ガンバることができなくなって、ガンバることをやめたんだ。もう、どーでもいいやと思って、いろいろサボることにした。

自分がガンバらなくていいように、国民に仕事を押し付けようと思った。

悪い王様だったかもしれないが、それが追い詰められたティーンエイジャーの精一杯だったんだ」

「わかります」

「ところがどうだ！」

国王は指示棒を手に取ると、年表をパンパンと指してうれしそうな声！

「これがターーーーーーーーニングポイントになって、国は好転したんだよ」

そこへ部屋の扉がバンと開いて、入ってきたのはダンサー！

音楽とともにダンサーも国王も、踊りはじめます。

風船と小鳥も部屋に放たれ、コーラス隊もオリジナルソングを高らかに歌います。

♪ガンバらないと決めたとき、うまくいくことはよくある話で、踊りましょう、梅の中へ行ってみたいと思っています〜、うふっふ〜、むふっふ〜、ぎゃっはっ

は〜、ぷぅ〜♪

うーん、なんとか陽水の歌に似てるような似てないような。

「ワシは自分がガンバりたくないからスピーチの原稿を家来に任せた。するとどうだろう。

家来は一生懸命やってくれて、ワシはそのスピーチで国民の喝采《かっさい》を浴びた。喝采を浴びたのははじめてだった。餅《もち》は餅屋だ。

ワシは自分がガンバりたくなくて植木の手入れは植木屋に任せた。するとどうだろう。木々は元気に育ち、美しい花が咲き乱れた。お花を見たいと美しい女性たちもたくさん城にやってきてティーンとはいえワシもウハウハだった。植木は植木屋に任せるに限る。

鉄道だってワシが口出ししなくなれば、どんどん計画が進んだ。鉄道は鉄道屋だよ。

そしてワシはわかったんだよ。人は得意なことをして生きていけばいいと」

FINAL STAGE 4

ガンバラン国王の目指すもの

「得意なことで生きていく？

ズバリ教えてください、この国はなにを目指してるんですか？」

国王は大きく息を吸うと、大きな声で言いました。

「自由！　平等！　は！……くさくない。歯臭くない」

「ん？」

どう考えてもフランス国旗の3色が示す、自由、平等、博愛のパクリっぽいのですが、国王は、おかまいなしに、エッヘンと話を続けます。

「ずっと生きてきて思うことはね！　みんな自分の〝得意〟なことをもっと大切にした方が幸せに生きられるのに！　ってこと。歌がうまい人もいれば、走るのが速い人もいる。絵がうまい人もいれば、計算が速い人もいる。みんなが持って生まれた〝得意〟なことをプレゼント交換みたいに交換し合って生きていけば、無理にガンバらなくていいじゃない」

なるほど。ミサキは家族のことを考えていました。

「お母さんは絵を描くのが得意で美術の大学も出てるのに、近所のスーパーの経理の仕事をして、いつも計算ミスばっかりして怒られてる。家にまで仕事を持ち帰って夜遅くまでガンバってる。でもそれって、計算の得意な人がやれば簡単な話なんじゃない？

お母さんは得意を生かしてスーパーのPOPを描いたら、間違いばかりの経理の人を雇《やと》ってるよりスーパーにとっても売上げアップで得なんじゃないかなぁ。POPならスラスラ〜って何枚でも描けそうだし、なにより楽しく工夫しそう！」

たしかに！

文章を書くのが得意な人は、苦手な人が三日かかるようなものでも30分で書けます。

計算が得意な人は苦手な人が一生かかっても解けない計算を、スラスラと解けます。

その計算力で、宇宙にロケットを飛ばすこともあるかもしれません。

でも逆ならどうでしょう？

宇宙にロケットを飛ばせる計算力がある人が間違えてライターになってしまったら？

ポンコツ扱いされて見習いのうちにクビになってしまうかもしれません。

反対に、文章を書くのが得意な人が、計算の部署に回されたら？

ミスを繰り返し、クビだクビだ〜と、毎日怒られてばかりかもしれません。

国王は言います。

「人間の脳って、辻褄《つじつま》合わせるからさ。みんな自分の得意じゃない場所に置かれてもそれなりにガンバっちゃうのね。食べたい、寝たい、つながりたい、は本能だから。

稼《かせ》ぐために、人に好かれるために、苦手なことでもガンバろうとしちゃう。

だけどよ、苦手なことをいくらガンバっても、せいぜい人並みにしかなれないんだよね。

これほんと！　苦手なことなんてガンバってガンバってうまくいっても人並み。ガンバって人並みの仕事して報酬《ほうしゅう》をもらう、そんな人生と、ガンバらなくても得意なことを生かして〝ありがとう〟って言われながら報酬をもらう人生、ミサキ、君ならどっちがいい？」

「それは得意なことを生かして、ありがとうって言ってもらえる方が気持ちがいいし、ストレスがなさそうです」

「だよねー。みんな、本当に得意なことをやってるの？　与えられた能力を社会に生かしてるの？　シンプルに得意なことをして生きたらいいのにってワシ思うの」

「でも」

ミサキは耳障りのいいことを言われれば言われるほど不安になってきます。

「でも、得意なことがない人はどうしたらいいんですか？　普通の、本当に普通の人は、なにして生きていけばいいんですか？　計算も人並み、歌を歌っても人並み、走っても人並み、なにをしても人並みの人、たとえば……」

ミサキはそっと、自分で自分を指差していました。

国王はそんなミサキにそっと歩み寄ってきて、ミサキをギュッと抱きしめました。

「世界に一人のミサキ。君は故郷を飛び出して一人でここまでやってきた。そんな勇気が誰にある？　君には、現状に気づくアンテナがある。調べてみようと扉を開く行動力がある」

「現状に気づくアンテナ……」

「そう」

「こんな毎日に不満を持ってネガティブになってることも、得意って考えていいの？

強みって考えていいの？」

「そう！　まったく人並みなんて人間は、探してもいないんだ。誰だって人よりちょっと得意なことが必ずある。ご飯をつくるのがうまいとか、視力がすごくいいとか、口がうまいとか、何時間もじっと座ってられるとか。そんな得意を生かした方が、苦手なことをクリアしようとするより、ずっと毎日楽しく暮らせるはずだよ。人並みじゃなくて人より少し得意なことに、相手はありがとうと言ってくれたり、お金を払ってくれたりするんだ」

「うん」

ミサキは、大きな安心に包まれていました。

昔、お父さんに抱きしめてもらったときみたいな。

そんな感覚はとっくに忘れてしまったけれど。

でも、たぶん、こんな感じ。

国王はミサキの肩を両手でガシッとつかむと、しっかり目を見て言いました。

「ミサキ、自分の得意なことって、自分にとっては当たり前だから、なかなか気づけないものなんだよ。だからね、友だちの得意なことを見つけて〝すごいね〟って伝えられる人になるといい。そうしたらきっと友だちもミサキの得意なことを見つけて〝すごいね〟って伝えてくれる。みんなが相手の得意を認め合えるようになったとき、ガンバらなくても助け合って自然に生きられる毎日になるから。どんなスーパーヒーローにだって弱いところはある。自分の得意が相手の弱みを、相手の得意が自分の弱みを、支えてくれるってことが腹に落ちたら、一人一人の違いが国の力になるんだよ」

ミサキは国王の言葉を噛《か》み締めていました。

与えられた得意を生かすこと、それは無駄なガンバりから解放され、自由に生きること。

自由！
得意と得意を交換し合うこと、それはすべての人が価値を認め合い平等に生きること。
平等！
「あれ？　王様、自由と平等はわかったんですが、あの～3つめ、なんでしたっけ？
たしか、歯が臭くない、とかなんとか」
国王は頭をポリポリとかきながら、
「ま、それはいいじゃない」
家来っぽい人たちがそそくさと年表を片付けています。
どうやら歯臭くないに意味はなく、面会時間は終わりのようです。

エピローグ

ミサキ、ガンバール国へ帰る

国王に「ありがとう」と「さよなら」を言って、ミサキはガンバラン王国を後にしました。

駅員さんに「またきます」と言って、電車に揺られ。しばらく揺られ。

やがて電車は、ガンバール国のホームに滑り込みます。

ドアが開くと同時に、なだれ込んできた、たくさんのガンバり屋の大人たち。

「帰ってきたなぁ～」

いつもなら不愉快《ふゆかい》なこの光景を見て、ミサキは、なんだか懐かしい気持ちになりました。

死んだ目をした人たちが、スマホに釘付けの人たちが、ミサキには愛おしく見えるのです。

苦手なことを必死でガンバってる人。

ガンバればガンバるほど仕事が増えて行き詰まってる人。

それはそれで社会の役に立とうと、もがいてる。

その姿はなんだか美しいと、ミサキは感じるようになっていました。

そしてミサキは、この国の未来を、とても明るく感じたのです。

「いや、これ、まだまだ伸びシロ、あるなぁ〜！」

もっともっと、一人一人の力を生かせる未来が待っている。

そんな気がして、〝鳥っ子一羽〟いない空を仰ぐミサキでした。


家に帰ったら怒られました。

ガンバール鉄道の履歴《りれき》から、ガンバラン王国に旅に出たことは伝わっていたようです。

でも、やっぱり、家族としては心配ですよね。

お母さんにとっても怒られました。

それでもお父さんが言いました。

「ガンバって社会勉強してきたんだからいいじゃないか」

お母さんはやっぱり不機嫌です。

「社会勉強じゃなくて社会科の勉強をガンバってほしいものね」

ガンバれ、ガンバれ、ガンバれ、ガンバれ、相変わらず、家の人はガンバル教の、信者だったけど。

「で、どうだった、その、ガンバラン王国は」

お父さんは興味津々《しんしん》。

お母さんも話を聞きたそうに、椅子《いす》をミサキの方に向けました。

「それじゃ、まずキーワードから話すよ」

ミサキが紙にペンで大きく「脱努力」、と書いたところで？

肘《ひじ》が当たってコップがひっくり返り、紙の真ん中が水びたし。

「努」の字が、滲《にじ》んで読めなくなってしまいました。

お母さんが布巾《ふきん》をとりに行きながら言いました。

「それじゃ、脱力じゃないの」

ミサキは、ふっ、とおかしくなりました。

王様や、いきなり腕立て伏せをする男、ノンフィクションらぶ男、脱力キャラたちの顔が思い浮かんだから。

さぁ、ガンバール国に戻ったミサキの「見聞録《けんぶんろく》」がはじまります。

それは未来をちょっぴり生きやすくする、終わらない話。

——原宿

恩師のミツルが話し終えると、ミサキの奇想天外な冒険談を聞くのに没頭していたみんなが、もうお話が終わってしまったのかと名残《なごり》惜しそうな表情をしているのがわかった。

アリサのように、すっかり自分がガンバラン王国を旅した気分に浸《ひた》っているメンバーもいれば、マサトのように、物語に引き込まれたものの、まだ自分ができるとは思っていないメンバーもいた。

そこで、ヒカルが提案した。

「先生、本当にありがとうございます！　すごく面白い物語を聞かせていただきました。ガンバラン王国の愉快《ゆかい》な人たちとの出会いを通じて、自分もやってみたいなっていう気持ちになりました。

先生は、この物語に出合って教え子さんたちが次々に結果を出せるようになったとおっしゃっていましたけど、次回さらに踏み込んでお話を聞かせていただけませんか？」

ミツル先生は、ニッコリと笑いながらうなずいた。

「喜んで。気がつけば、今日はもうこんな時間だね。みんなで日程を調整してまた会おう。

今日はみんなに会えて楽しかったよ。じゃあ、また近いうちに！」

みんな笑顔で再会を誓い、その日は解散した。

再会　物語の真理

それからおよそ一週間後、忙しいメンバーも早く続きが聞きたいと予定を調整し、前回と同じ原宿のレストランに再集合した。物語を聞いてからというもの、みんなそれぞれに積年の目標を達成したいと思っている様子だ。

マサトはダイエット、ヒカルは英語、アリサは貯金。

全員が揃《そろ》うと、ミツル先生は軽く前回のおさらいをしてから、物語のキャラクターが伝える真理について話しはじめた。

＊　＊　＊

物語を深く読み込むに当たって頭に刻んでおきたいのは、**私たちが普段当たり前だと思い込んでいることが、常に正しいとは限らない**ということさ。ずっとガンバール国に住んでいると、ガンバラン王国の常識があまりに奇想天外で理解できないかもしれない。

でも、逆にガンバラン王国のみんなにとっては、それが当たり前なんだ。

つまり、私が言いたいのは、ガンバらなくても結果を出している人の話を最初から疑ってかかるのではなくて、**素直に耳を傾けてみるのが変わるための第一歩になる**ということなんだ。

ステップ1 意志の力には限りがある

物語の主人公ミサキは、ガンバることが正しいとされるガンバール国を飛び出して、ガンバラン王国を冒険した。そこで最初に出会ったのが、いつも黒いセーターとデニムのパンツを履《は》いている男だったよね。ガンバール国で育ったミサキや私たちからすれば、一見ただの変わった人だったかもしれないけれど、この人は夢をかなえる上ですごく重要なことを教えてくれたんだ。

それは、「**意志の力には限りがある**」ということさ。

みんなは、やる気になればいくらでも意志の力を発揮できると思っていない？今回はうまくいかなかったとしても、やる気を出せばいつかきっとうまくいくと思っているよね。でも、結局夢をかなえられないままでいるんじゃないかな。

でも、すでに意志の力は無限に湧いてくるものじゃなくて、使えば減っていくガソリンのようなものだということが、アメリカの心理学者によって証明されているんだ。ゲームが好きな人には、「マジック・ポイント」と言った方がいいかもしれない。ゲームのキャラクターが魔法を使えば、ポイントが減るよね。簡単な魔法を使うだけなら力は少ししか減らないけれど、難しい魔法だと力は一気に減ってしまう。漫画やアニメでもキャラクターが呪文を唱えて力を使った後は、ヘトヘトになっているよね。マジック・ポイントと意志の力は、本当によく似ているんだ。**意志の力も簡単なことをやるだけだと少ししか減らないけれど、難しいことをやろうとすると一気にたくさん減ってしまう。**

みんなも同じような経験をしたことがあるんじゃないかな？

毎朝どんな服を着ていくかを考えるだけで疲れてしまったり、やらなきゃいけない宿題や仕事がたくさんあって、どこから手をつけようかと思っているうちにグッタリしてしまったり。

それなのに、どうだろう？

私たちはやりはじめたことを続けられるかどうかは、その人の意志の強さにかかっていると思い込んでいるんじゃないかな。何度失敗しても、ほとぼりが冷めたら、すぐまた自分には意志の力があると信じて、懲《こ》りずに一生懸命ガンバろうとしてしまう。

ところが、ガンバればガンバるほど、強くアクセルを踏んだクルマがガソリンを消耗《しょうもう》したり、難しい魔法をかけたキャラクターがマジック・ポイントを消耗したりするように、すぐに意志の力を使い果たしてしまうんだ。

マサト、なんだか難しそうな顔をしているね。

そうは言っても、意志の力を使わないと行動できないじゃないかと思ってるのかな？

そのためには、**なるべく意志の力を使わない仕組みをつくればいいんだ。**

たとえば、ことあるごとに細かい判断をしなくてもいいように、あらかじめ毎回やることを決めておくのがいいよ。

- 毎朝の簡単なエクササイズ・プログラムを決めておく
- いつも着る服の組み合わせを決めておく
- 毎日家に帰ったら手をつける勉強の科目を決めておく

こんなふうに簡単なルールをつくって繰り返せば、毎回考えるだけで疲れてしまうということが少なくなるかもしれないね。

ステップ2　発想を転換する

あれ？　今度はアリサがなにか言いたそうだね。

言ってることはわかるけど、同じことを何度も繰り返し実行しているだけだと、つまらなくて長続きしないんじゃないかって？

そんなときは、発想を転換するんだ。波に乗れるまでは、「義務」を「娯楽」に変えてみよう。そのことを教えてくれたのが、第二の男さ。

勉強でも運動でも仕事でも、やることを義務だと思うと、そこに苦痛が生じるよね。苦痛が大きくなると、それを乗り切るために多くの意志の力を使わなければならなくなる。すると意志の力がどんどん消耗していき、最後は「やっぱり、やーめた！」になってしまう。

ところが、やることを娯楽だと思えば、子どもがゲームにハマるように夢中になっていく。

たとえば、ルールで決めたことを実行できたら、カレンダーにひとつずつシールを貼っていくようにする。すると、不思議なもので、シールの数が増えていくのが楽しくなり、シールを途切れなく貼りたいという気持ちが芽生えてくるんだ。

いまは便利な世の中で、豆腐《とうふ》のセールスマンが自分で数えていたように、取り組んだことをスマホで記録することができる『Momentum（モメンタム）』や『HabitMinder（ハビットマインダー）』という便利なアプリがあるらしいから、みんなも試してみるといいよ。

ちなみに、私だって若い頃はまったくお金の管理ができておらず、あればあるだけお付き合いに使ってしまっていたので、スマホで貯金ゲームのアプリを使うようにしたんだ。お金を使いたいと思ったとき、我慢しなければならないと苦痛になる。だから、意志の力を使い、何度か辛抱《しんぼう》しているうちに、最後はまた無駄遣い生活に戻る。その繰り返しだったんだ。

ところが、アプリを使いはじめてから、月のお小遣いを日割りで計算し、一日にどれだけ使えるかを考え、それに対して毎日節約できた金額をデータで確認できるようにしたんだ。

すると、ゲームのポイントが貯まるように貯金の額が増えていくのがわかり、それから毎日「今日は昨日よりも高い点をとるぞ！」と考えるようになった。そして、いままで我慢していたのが嘘《うそ》のように、節約を楽しむようになっていったんだよ。

私のように、毎日使えるお小遣いのうち節約できた金額をゲームの得点に見立てて、毎月ハイスコア獲得を目指す。ミサキが出会った豆腐売りのセールスマンのように、営業がうまくいかなかった回数も勲章《くんしょう》だと思って、チャレンジした回数に応じて自分にご褒美《ほうび》を贈る。

こんなふうに、一見つまらないと思うようなことでも、**自分がゲームの開発者**

になったつもりでワクワクするルールをつくることができれば、しんどいことも楽しく続けられるようになるのさ。

ゲーム好きのマサトは、目がキラキラしてるね。ぜひ試してみてほしいな。

ステップ3 シンプルな習慣ときっかけを決める

ただ、ここでひとつ注意しておきたいことがあるんだ。

それは、**やる気が出ると、私たち人間は希望的観測で行動してしまう**ということさ。

それではうまくいかないと教えてくれたのが、三番目の男なんだ。

男はジムに行くのではなく、美人とすれ違ったらその場で腕立て伏せをはじめていたよね。一見挙動不審だけど、それにはしっかりとした理由があるんだ。

マサトはカラダを鍛《きた》えたいと思ったら、「よしっ！ いますぐスポーツクラブに通うぞ！」って考えてない？　それで、その後もずっと続いてる？

きっと続いてないよね。

でも、それはマサトに限った話じゃないんだ。

聞けば、最初は張り切ってスポーツクラブの会員になった人の多くが、結果的に幽霊《ゆうれい》会員になっていくんだって。

じゃあ、なぜスポーツクラブ通いが続かないか、マサトはわかる？

腕立て伏せをする男も言ってたけれど、**スポーツクラブに行ってトレーニングするのはひとつの動作のように思えるものの、実はトレーニングをはじめるまでにたくさんの段取りがある**んだよね。


朝起きて、外着に着替えて、顔を洗って、歯を磨いて、荷物を用意して、靴を履いて、それからやっと家を出て、スポーツクラブに着いたら着いたで、入館手続きして、靴をロッカーに入れて、またスポーツウェアに着替えて、器具があるところまで動いて……。

想像しただけで、どっと疲れるよね。

スポーツクラブに通いはじめる人は、最初は意志の力が漲《みなぎ》っているから多少苦痛があっても通うことができる。でも、数日もすると心身に疲労が溜《た》まり、意志の力がなくなり、やがてスポーツクラブ通いを続けられなくなってしまう。

それに対して、物語の中の男は腕立て伏せ以外の複雑な動作をすべて削って、シンプルな行動にしていたんだ。

新しいことをはじめようとして、気力も体力も充実しているときこそ要注意さ。

アフリカには、「象を食べるにはひと口ずつ」ということわざがあるんだけど、**どんなに大きな目標に取り組むときでも、小さく刻んで少しずつ実行することが実は最大の近道になる**んだ。

本当にこんなもんでいいのかな？

それくらい小さな行動でいいんだ。やる気全開でいきなり大きなことをしようとするのではなく、ばかばかしいくらい小さなことからはじめる。これなら余裕でできると思っても、それよりもさらにハードルが低いことからはじめる。そうやって苦痛にならないレベルのことを続けているうちにそれが習慣になり、習慣になれば、結果の積み重ねを実感することができるようになる。

どうにも物足りなければ、様子を見ながら少しずつ、本当に少しずつやることを増やせばいい。

続かなければ結果が出ず、それまでの努力が全部水の泡になってしまうんだ。

それから、腕立て伏せをする男はもうひとつ重要なことを教えてくれたんだよ。彼は美人とすれ違うと、腕立て伏せをはじめたよね。

あの行動は、一般に「トリガー」と呼ばれているんだ。トリガーとは、「引き金」や「きっかけ」のこと。つまり、**毎日同じ行動を繰り返し、習慣として定着させるためには、きっかけになることを決めておくといい**のさ。

男は美人とすれ違った瞬間、腕立て伏せすると決めていたよね。それと同じように、みんなも行動のトリガーを決めてごらん。

- 朝6時のアラームが鳴ったら、腹筋を開始する
- 通勤・通学電車に乗ったら、英単語帳を開く
- 会社に着いたら、30分集中してメールを打つ

きっかけと行動をセットにして繰り返せば、やがて頭で考えなくてもトリガーに触れた瞬間、条件反射的にカラダが動くようになるんだ。みんなも信じられないと言う前に、ぜひ試してみてほしい。

ただし、繰り返しになるけど、最初から欲張っちゃダメだよ。

まずは、小さく、小さく。苦痛が発生しないくらいの負荷《ふか》がちょうどいいんだ。苦痛が発生すると、我慢するために意志の力を消耗《しょうもう》してしまうからね。

みんな食い入るように、ミツル先生の話を聞いた。

ミサキがガンバラン王国で出会った三人について解説したところで、ミツル先生は少し休憩して、コーヒーを飲もうと言った。

ステップ4 無意識の力を引き出す

ミツル先生はテーブルに届いたカップに手をやり、軽くコーヒーを口に含んで一服すると、再び話しはじめた。

みんなは、第四の男・歯の真っ白なヨットマンが夢をかなえる上で重要なカギになることを伝えようとしていたのがわかったかな？

ヨットマンの歯は異常に白かったかもしれないけれど、みんなだって歯磨きをするよね。

そのとき、「さあ、これから歯磨きするぞ！」と思って歯ブラシを持つかな？

朝起きて、服を着替え、朝食をとり、洗面台の前に立ち、歯ブラシに歯磨き粉をつけ、決まったリズムで自然に歯を磨いているよね？

毎日毎日同じ動作を繰り返すうちに、なにも考えずに歯磨きできるようになっているんじゃないかな？

これは歯磨きに限った話ではないんだ。にわかに信じがたいかもしれないけれど、**人間が意識してやっていることは、すべての行動のうち、たった一割に過ぎない**と言われているのさ。裏を返せば、無意識にやっていることが九割ということ。つまり、**上手に人間の無意識の力を引き出すことができれば、自分でも驚くような結果につなげられる**ようになるんだ。

白い歯の男は船とヨットをたとえにして、このことを教えてくれたんだ。

船はガソリンを使って、エンジンを動かすことによって前進する。

だけど、船に積めるガソリンには限りがある。

やがてガソリンはなくなり、船は止まってしまう。

一方、ヨットはガソリンを使わなくても、風の力を味方にすることによって、どこまでも前進することができる。

人間も同じなんだ。

意志の力を使えば、最初のうちはやりはじめたことを数回程度は続けることができるよね。

ところが、意志の力には限りがある。

やがて意志の力はなくなり、行動が続かなくなってしまう。

一方、人間は意志の力を使わなくても、無意識の力を引き出すことによって、どこまでも行動を続けることができるんだ。

ヒカル、その目は本当にそんなことができるようになるのか疑っているね？
こればっかりは、実際に自分ができるようになってみないと信じられないかもしれない。

ここにいるみんなは、まだそんな経験をしたことがないだろうから。
でも、だからこそ、これから私が言うことを騙《だま》されたと思ってぜひやってみてほしいんだ。それができるようになると、ドラマチックにみんなの人生が変わることを約束するよ。

なにごとも無意識に「やっている」状態になるまでは、最初は練習して「できない」を「できる」にする必要がある。でも、**できるようになった行動を何度も何度も繰り返していると、無意識に「やっている」状態になっていくんだ。**

みんながいまはまったく意識しないで自然に「やっている」状態の歯磨きも、生まれてはじめて自分でやってみようと思ったときは、まず歯ブラシを持ち、歯磨き粉をつけ、どの歯から磨こうかと、ひとつひとつの行動を意識しながら実践《じっせん》していたんじゃないかな?

でも、毎日それを繰り返しているうちに、自然に歯磨きが「できる」状態になり、いつしか無意識に歯磨きを「やっている」状態になっていったんだ。

自転車だって同じさ。

はじめて自転車に乗ろうとしたときは、「右ペダルを漕《こ》いで」「次は左ペダルを漕いで」という具合にバランスをとりながら運転するのが大変だったでしょう。

でも、自転車に乗れるようになった後も、毎回「右足」「左足」という具合に意識してバランスをとりながらペダルを漕いでいないよね。

脳が一度覚えてしまったら、意識しなくてもカラダが勝手に動くようになるということは、実はみんなもすでに経験しているんだ。

言ってみれば、人間は常に自分のカラダをマニュアルモードで操縦しているのではなく、アタマとカラダに刷り込まれた行動は、自動操縦モードで続けられるようになっているんだ。

このことも、すでにアメリカで科学的に証明されているよ。

とは言え、マニュアル操縦モードから自動操縦モードに切り替えることができてしまえばこっちのものだけれど、そもそもその切り替えが起きるまでに意志の力を使い果たしてしまったら習慣にならずに終わってしまうよね。

ちなみに、アメリカのメディアが行った調査によれば、新年の抱負を掲げた人のうち、実に75%が一週間で挫折《ざせつ》してしまっているとのこと。

なかなか思うようにいかないのが現実なんだ。

ステップ5 習慣になるまではご褒美《ほうび》を用意する

それじゃあ、意識して「やっている」レベルから無意識に「できる」レベルになるための壁をどうやって乗り越えればいいのか？

それを教えてくれたのが、英語を学べるケーキ店のスミ子さんだ。

自分がやったことに対してご褒美がもらえると脳が覚えたら、多少苦痛があっても、またやろうと思うようになる。それを繰り返していると、意志の力を使って考えなくても行動することができるようになるんだ。

スミ子さんは、そのことをカーリングにたとえてミサキに話していたんだ。

カーリングのストーン（石）は、力を加えなければ動かない。

だけど、最初だけストーンをひと押しすれば、あとは氷の上をツルツルと滑っていく。

意志の力の使い方も、カーリングにそっくりなんだ。

「石」の使い方と、「意志」の使い方は同じだと覚えておくといいよ。

ともあれ、人間も最初に少しだけ意志を使ってできなかったことができるようになれば、それを何度か繰り返せば、あとは意志の力を使わなくてもカラダが勝手に動くようになるんだ。

そういえば、日本で有名になったカーリングの選手たちもエネルギーを使ったとき、ご褒美のお菓子をモグモグしていたよね。みんなも習慣にしたいことを無意識に繰り返せるようになるまでは、なにか自分へのご褒美を考えてみるといいかもしれない。

ステップ6 やろうと決めたことは宣言して予約する

どうかな、みんなもやれる気がしてきたかな?

なになに?

アリサはそれでもまだ自分は意志が弱いから、やり続ける自信がないって？
そこまで言うなら、そんなアリサでも結果が出せるように、もうひとつとって
おきの続ける極意を教えてあげるよ。

宣言する男と予約する女のことを思い出してみよう。
みんなも「コミットメント」という言葉を聞いたことがあるよね？
日本では、2000年頃からよく聞かれるようになった言葉で、「公約」や
「誓約《せいやく》」という意味なんだ。
心理学の世界では、**コミットメント、つまり、周りの人に自分の目標を宣言す
れば、その達成確率が高まる**ことが証明されている。これを「コミットメント効
果」と呼ぶんだ。
だから、宣言する男は、自分がやり遂げたいと思うことを周りの10人に対して
伝えていたというわけさ。

ひと昔前なら10人見つけて公約するのは大変だったかもしれないけれど、いまはSNSが発達した時代だから簡単だよね。

- 毎日英単語を10個ずつ覚えるぞ！
- 毎日腹筋を50回続けるぞ！
- 毎日1冊本を読むぞ！

こんなふうに、TwitterやFacebookに宣言してみるのもいいかもね。

この話には、まだ続きがあるんだ。

コミットメント効果だけでなく、心理学用語には「一貫性の法則」というものがある。**人は自分が決めたことを、一貫して最後までやり抜こうとする心理が働くんだ。**それなら、やろうと決めたことは先に予約してしまうといい。それを実《じっ》践《せん》していたのが、予約する女というわけさ。

やることを決めたら、まずスケジュール帳に予定を書き込んでほしい。あらかじめ自分の行動を予約しておけば、他の予定を言い訳にすることもしにくくなり、やりはじめたことを続けられる確率が高まるんだ。

ガンバラン王国のさらなる三つの教えについて話した後、ミツル先生はお皿の上のマカロンに手を伸ばした。

ステップ7 一定のリズムで同じ行動を繰り返す

マカロンをかじりながら、糖分で脳の回転に加速をつけるように、ミツル先生は国王に会うまでの、残る三人が教えてくれたことについて話しはじめた。

ミサキが会った七人目は、いきなり寝る男だったね。

以前に登場した、腕立て伏せをする男とどこか似ているなと思ったら、やはりいとこらしい。

みんなは、その腕立て男といきなり寝る男の共通点はなんだと思う？

そう。腕立て男は「美人とすれ違ったとき」、寝る男は「毎日９時」というように、それぞれのトリガーを決めていたということ。


では逆に、二人の違いはなんだった思う？

それは、腕立て男が「美人とすれ違ったとき」という不規則なトリガーだったのに対し、寝る男は「毎日９時」という規則的なトリガーを定めていたこと。


トリガーを規則的にすることでなにが起こるのか？

それは、ルーチンをつくりやすくなるんだ。ルーチンとは、「決まった行動」のこと。

同じ時間に同じことをすると決めてひたすら何度も繰り返せば、カラダが生活のリズムをつかむようになり、ルーチンが定着しやすくなるんだ。

みんなは、イマヌエル・カントという哲学者を知ってるかな？

彼はいきなり寝る男とそっくりの性質を持っていたんだ。毎日3時半ぴったりになると、必ず散歩に出かける。あまりにも散歩の時間が正確なので、当時はカントの姿を見て時計を合わせる人がいたというエピソードがあるくらいなんだ。

ところで、「無意識」の話をしたのを覚えているよね？

人がなにかをはじめるとき、最初は意識して「できる」状態をつくり、それを何度も繰り返していると、やがて無意識に「やっている」状態になると話したよね。

そのとき**一定のリズムで同じ行動を何回も繰り返すと、脳内にリピート・プログラムが書き込まれ、意志の力を使って無理にガンバらなくても自然に続けられるようになるん**だ。

考えてみれば、人間のカラダはリズムでできている。

スーハー、スーハーと、呼吸する。

ドックン、ドックンと、心臓が動く。

タッ、タッ、タッ、タッと、歩く。

同じタイミングで同じことを繰り返しているうちに、はじめは意識してやっていたことも、まるで呼吸するように無意識にやっている状態にすることができる。

続けたいと思っていたことが、呼吸のようにできるようになったらしめたものさ。


それと、もうひとつ。

いきなり寝る男も言っていたけれど、朝は大事。学校で友だちから相談されたり会社で緊急の仕事が入ったり、日中は予測できないことがたくさんあるもの。その点朝はよくて、家族みんなが起きる前に目覚ましをセットしておけば、自分のペースを乱されることがなく、決めたことに取り組み、自分のリズムをつくることができるんだ。

もちろん夜も一人になれるけれど、一日過ごすといろいろなところでたくさん意志の力を使ってしまっているので、やろうと思っていたことをやれないまま寝てしまうこともしばしばじゃないかな。やると決めたことができない日々を繰り返していると、やっぱり自分はできないと自己嫌悪に陥ってしまう。

でも、朝だと前の日からの睡眠で消耗《しょうもう》した意志の力が回復していて、少し難しいことでも難なく進められるよね。他人から遮《さえぎ》られることがなく、**もっとも意志の力が充実している朝を制することができれば、きっと人生を制することができ**

るようになるはずだよ。

話は戻るけれど、一日のリズムをつくりたいからといって、一日にすべて詰め込もうとすると、すぐに無理が生じてしまうから気をつけてね。

そんなときは、火曜日の淑女《しゅくじょ》に学ぼう。

一日は24時間、一週間は七日間、人生は一定のリズムで進んでいく。

一日のリズムに組み込めないことは、もっと時間の単位を大きくとらえて一週間のリズムに組み込めばいいんだ。

火曜日の淑女は、文字通り火曜日に掃除《そうじ》していたよね。

同じように、勉強するなら毎日取り組む科目と、曜日で取り組む科目を分ければいい。

運動も同じく、筋力トレーニングの日とランニングの日をつくればいい。

秘訣は、早くカラダがリズムをつかみ、脳にプログラムが書き込まれるように、一定の周期でルーチンを繰り返すことなんだ。

ステップ 8 やったことを記録する

最後に、ノンフィクション作家のらぶ男が私たちに教えてくれたことについて考えてみよう。

名前や性格から、いかにもふざけたヤツだと思ったかもしれないけれど、らぶ男もすごく大切なことを教えてくれていたんだ。

それは、行動の累積《るいせき》を記録すること。

ここでマサトに質問があるんだ。

なぜ多くの人がダイエットに失敗すると思う？

そう。たしかに、意志の力に頼ってガンバるからだよね。

やがて意志の力を使うと、ガソリンのように減っていき底をつくから、行動を起こせなくなってしまうんだったよね。

ここまでのことをしっかり覚えていてくれて、うれしいよ。

でも、ここにもうひとつ大切なポイントがあるんだ。

それは一回あたりの行動に対する効果の実感が薄いから続かないということなんだ。

つまり、自分の取り組みに対して、やった感じがしないと、もっとやろうという気持ちにならないのさ。

たとえば、体重を落とすことに相当慣れている格闘家やボクサーでもない限り、ダイエットのために一日運動したからといって、目に見えてわかるほど体重が落ちるわけではないよね。勉強だって同じでしょ。一日必死で勉強したからといって、翌日のテストで飛躍《ひやく》的にテストの点数が上がるわけではない。

そうすると、自分がやったことに対して「これは本当に効果があったのかなぁ……」と、自信が持てなくなってしまうんだ。

ところが、少しでも早く無意識に行動を繰り返せるようになりたければ、意志の力を使わなくてもよいレベルの、本当に小さな小さなことから取り組むべきだと学んだよね。

ここに矛盾が生じると思わない？

大きなことをやれば効力感も大きいけれど、小さなことしかしなければ効力感は小さい。

でも、たっぷり意志の力を使わなければならない大きな行動は、決して長続きしない。


じゃあ、一体どうすればいいの？

らぶ男がしていたように、**自分がやったことがわかるように行動をすべて記録しておくんだ。**ごくごく簡単なメモでいいよ。

ゲームばかりしている男について説明したように、スマホのアプリでやったことを記録する手もあるし、日記に事実を記録する手もある。方法はどうあれ、大切なのはみんなが**やってきたことの累積を目に見える記録にして残す**ことなんだ。

みんながそれぞれの夢という山を築こうとしているとする。

砂場でバケツに砂を入れ、山をつくりたい場所まで移動し、ザーッと砂を撒《ま》く。砂場と目的地を何度も往復して、砂を撒くうちに少しずつ山が高くなっていく。

無心になってバケツを運んでいるときは、自分がそれまでどれだけの砂を運んできたかに気づかないものだけれど、ふとした瞬間に山を見ると、その蓄積《ちくせき》に驚くよね。そうなると、ずっと積み重ねてきた成果を一回の怠慢《たいまん》で水の泡にしたくないと思う気持ちが働くよね。

連続記録を更新しているスポーツ選手が、記録を途切れさせたくないと思うのと同じで、**行動の蓄積が目に見えるかたちで残っていると、これまで自分がやっ**

てきたことを無駄にしたくないと思うようになるんだ。

ここまでが、ミサキが出会った九人が教えてくれたことについての解説だよ。

せっかく緑に囲まれたレストランだから、少しテラスに出ようか。

ミツル先生はそう言った。

ステップ9　夢をかなえるためにガンバらない

緑に包まれたレストランのテラスに出て新鮮な空気を吸い込むと、みんなこれまでとは違う世界の空気を自分のカラダの中に取り込んでいるように感じていた。

自分が住んでいる世界の中で息苦しくなるんじゃなくて、たまには外の空気を吸うことも大事だよね。

ゆっくりとテラスから室内に戻ってみんなが着席すると、ミツル先生はまとめに入った。

最初にも少し話したけれど、はじめて物語を聞いたときは、みんなもミサキと同じように、きっとガンバラン王国の人々のことをかなりの変わり者だと思ったよね。

でも、**自分が常識だと思っていることは、逆に他の世界の人の立場で考えれば非常識かもしれないということを忘れちゃいけない**んだ。

私たちは結果を出そうと思うと、意志の力を使ってガンバらなければならないと思い込んでいる。

ところが、現実はどうだろう。

ほんの一部の人しか夢をかなえることができず、自分は意志が弱いからどうせ無理だとあきらめてしまっている人がたくさんいるんじゃないかな？

それに対して、私たちからすると一見ヘンテコなルールをつくっているように思えるガンバラン王国の人々は、みんなそれぞれの方法で結果を出して楽しそうに暮らしていたよね。

物心ついた頃からずっと「ガンバれ！」「ガンバれ！」と言われてきた私たちは、いわばガンバール国に住んでいるようなものさ。ずっと同じ世界で暮らしていると、いつしかその世界のルールが正しいと信じて疑わないようになる。

実際、私の教え子たちがこの物語に出合い、夢をかなえる方法を知って結果が出せるようになってきたときも、「それはあなたの意志が強いからで、普通の人には無理だよ」と、何度も周りから言われたそうだよ。

でも、周りの人たちは、本当に意志が強いかどうかなんて知らなくて、結果を見てそう言っていただけなんだよ。

だから、私たちはもっと頭をやわらかくすることが必要なんだ。

ガンバっているのにうまくいかないからなんとかしたい！　そう思ってこの物語を聞いてくれたなら、どれかひとつでもいいから、試しにガンバラン王国の人々がしていたことをマネしてみてほしいんだ。

ステップ10 得意なことを見つけて意志力の消耗《しょうもう》をおさえる

最後に、ガンバラン王国の国王は、重要なことを言っていたよね。

国民が苦手なことを必死でガンバり、意志の力を使い果たしてしまうと結果が出ない。それより、国民が得意なことに取り組むことを推奨《すいしょう》していた。

苦手で大きな苦痛が伴うことをしようとすると、それだけ多く意志の力を使わなければならなくなる。それだと、周りから「ガンバれ！」「ガンバれ！」と言われても、意志の力が続かないから結局途中で挫折《ざせつ》してしまう。そんなことを繰り返しているうちに、多くの人が自信を失ってしまうんだ。

だったら、得意なことを見つけてみればいいのさ。**苦痛が小さいと、それだけ消費する意志の力も少ないから、長く続けることができる。**続けられれば少しずつ結果が出て、やがて大きな自信につながっていくんだ。


思えば、このことは幸せと直結しているのかもしれないね。

苦手なことに取り組む。すると、我慢しなければならないので意志の力を消耗する。だから、続かず結果が出ない。達成感も得られない。それだと、勉強でも仕事でもハッピーな状態とは言えないよね。

逆に、得意なことに取り組む。すると、**我慢しなくていいので、意志の力が消耗しない。**だから、続いて結果が出る。達成感も得られる。そうなると、ハッピーだと思えるんじゃないかな？

人生は、一度きり！

そりゃあ、みんな幸せになりたいよね。

だったら、みんなも「意志が弱いからできっこない」と自分のことを疑わずに、ガンバらなくても結果が出る世界に行ってみたいと思わない？


自分を信じて国境を越えよう！

国境を隔《へだ》てて、こっちはガンバール国。

あっちは、ガンバラン王国。

あっちには、夢をかなえる方程式を知り、ガンバらないで好きなことをやりながら次々に目標を達成していく人々がいる。

そこでは、結果を出す喜びを知り、みんな幸せそうな顔をしている。

こっちには、自分は意志が弱いからガンバってもダメだとあきらめ、変われない人々がいる。

そこでは、結果を出す喜びを知らないから、みんな表情が晴れない。

いまこそ、「ガンバらなければ結果が出ない」という思い込みを捨て、国境を踏み越えるときだよ。

みんなミツル先生に感謝を述べると、それぞれ自分がかねてより実現したいと思い続けている目標を宣言し、三ヵ月後に進捗をたしかめ合おうということになった。

「じゃあ、三ヵ月後を楽しみにしているよ。物語を覚えていれば、きっとうまくいくさ」

みんなはそう言って、レストランを後にした。

三ヵ月後　変化

三ヵ月後、いつもの場所にメンバーが集まった。

ミツル先生、アリサ、ヒカルが先に席に着いていると、約束の時間に少し遅れてマサトがやってきた。


すると、こちらに近づいてくるマサトのシルエットが明らかに変化している。

もともと色黒の肌にしっかりした胸板のマサトは、白いTシャツがよく似合う体形になっていた。

遠目にもわかったが、席に着くと、顎《あご》の肉が落ちて顔がスッキリし、スマートで清潔な印象を醸《かも》し出しているのがはっきりとわかった。

「マサト、しぼったねー。遠くからでも、すぐに変化がわかったよ」

アリサが言った。

「先生に面白い話を聞かせてもらったなって思った反面、どこかで、そんなわけないよなーって思っている部分もあったんだ。でも、最初は先生に言われた通り、ばかばかしいくらい小さなことからやってみたんだ。まずは、腹筋10回。元体育会の人間からしたら、ありえない回数からスタートしたよ」

マサトが笑いながら、取り組みについて話しはじめた。

「とにかく、苦痛が発生するまでのことをやらないようにしようと気をつけたよ。意志の力を使ったら、いずれ続かなくなるもんな。それをルールにして、**簡単な決めごとを何度も何度も繰り返したんだ**」

「いつ頃から変化を感じることができたのかな?」

ヒカルが聞いた。

「三週間くらいしてからかな。スポーツクラブに行くのは面倒だから、毎朝起きたら6時に腹筋すると決めたんだ。**それをずっと繰り返していると、まさに自動操縦のように無意識にやれるようになるのを体感することができたよ。**そこからは、やらない方が気持ちが悪いと思うようになったんだ。そのうち、流石《さすが》に10回は物足りないと思って、苦痛にならないレベルで少しずつ回数を増やしていき、いまは200回以上やれるようになったよ。

運動でコツがつかめてきたので、次に食事制限をはじめたんだ。そして、苦痛にならないように、少しずつ無駄なカロリーを減らしていったのさ。

その結果、一ヵ月で約5kg、三ヵ月で15kg。まったく無理なく、健康的にダイエットすることができたよ。いやー、それにしても、カラダが軽くなって、三ヵ月前の自分にはもう戻りたくないね。ヒカルは、どう？」

ニッコリして、ヒカルは口を開いた。

「私も負けてないよ。英語、またはじめたの。どんなに時間がないときでも続けられるように、朝起きたら、まず10単語だけ暗記することからスタートしたわ。スミ子さんが言っていたように、私は**一週間続けられたら美味《おい》しいケーキをご褒《ほう》美《び》にしている**の。それと、毎日カレンダーに記録するようにしたんだけど、目下連続記録更新中で、もうやめられなくなっちゃった。じゃあ、アリサは？」

　私にできないと思ってるの？　そう言わんばかりに、少しふくれっ面でアリサが答えた。

「私だって、やってますよ！　みんなと別れた後、すぐに家計簿アプリを入れて、先生から聞いたように、最初はゲーム感覚で節約を楽しんでたら、もう、本当にハマっちゃって。

　あのショッピング大好きだった私が、いまではお金を貯めることに夢中になっちゃってたりして。ほんと、自分でも信じられないよ」

　みんなの順調な報告を聞きながら、ミツル先生が言った。

「みんな結果が出はじめているみたいで、話したかいがあったというもんだよ。

みんながいままさに体験しているように、**思い込みを捨て、ほんの少し行動を変えてみるだけで、やがて大きく人生が変わる**ようになるんだ。

気がつけば、もうみんなはガンバール国ではなく、ガンバラン王国の国民みたいだね。

ガンバらなくても結果を出せるようになったみんなが、ぜひそのやり方をガンバっているのになかなか結果が出せない周りの人たちに教えてあげてくれたらうれしいな」

原宿の緑の中に、ガンバらなくても結果を出せる方法について知った仲間たちの幸せな笑い声がこだましました。

結果を出すための十ヵ条

一．意志の力には限りがある
意志の力を消耗《しょうもう》しないように、
繰り返しやることをルール化すべし

二．つまらないと思えば、我慢のために意志の力を使うことになる
面白くないことは、ゲーム化すべし

三．多くに取り組もうとすれば、意志の力を摩耗させる
やるべきことをシンプル化すべし

四．最初は意識してやっていることも、
繰り返すことで無意識にできるようになる
繰り返し行動で、自らを自動化すべし

五．効果を実感できないことは続かない
自分へのご褒美《ほうび》を、見える化すべし

ガンバラン王国

ガンバらなくても

六．人に宣言すると、やり遂げようとする力が生まれる
やると決めたことを、約束化すべし

七．人間のカラダは無意識にテンポを刻んでいる
同じ行動を同じタイミングで繰り返して、リズム化すべし

八．行動のきっかけを決めると、スタートしやすい
決めた行動を条件反射ではじめられるように、トリガー化すべし

九．人間は積み重ねてきたことを
崩したくないと思うようにできている
日々取り組んだことを、記録化すべし

十．苦手なことをやっていると、苦痛がふくらみ、
意志の力をすり減らす
得意なことを見つけて、楽しく取り組むべし

おわりに

最後までお読みいただき、ありがとうございます。
みなさんの頭の中で、ミサキは何歳くらいのどんなキャラクターでしたか？ 男性だったでしょうか？ 女性だったでしょうか？ 誰もが物語に自分を重ね合わせてくださるといいな、と夢見て、主人公の名前をミサキとつけました。

今回「ビジネス書を物語化したい」とお話をいただいたとき、私の頭に浮かんだ最初の読者は、バレーボールに打ち込んできた20歳の姪っ子と、野球一筋に歩んできた18歳の甥っ子でした。二人とも、誰からも好かれるとても優しい人間ですが、これまで一度も（ただの一度も！）彼らが本を読んでいる姿を見たことがありません！　もちろん、体当たりで得た知識や、周囲の方々から直接授かった知恵を胸に生きていくのも素敵なことです。しかし、今は世界中、どんな業界も過渡期。ここからしばらくは、いままで通りの方法では通用しないことが増えるに違いありません。そんなとき、誰かが先に発見してくれた知恵を、てっとり早く頭にインストールできる道具がビジネス書！　だとしたら普段、ビジネス書をよく手にとる勉強熱心な方々はもちろん、本を読む習慣があまりない人たちにこそ、楽しい読み物として届けたい！

ここまで読んでくださったあなたの周囲にも、ビジネス書には無縁のご親戚や後輩がいらっしゃるかもしれません。もしよかったら本書を勧《すす》めていただけませんか？　損はさせないつもりです。

実際に、共著の川下和彦さんは「ガンバらない」ことで大きな成果を得ているお一人。ガンバラン王国の生き証人です。

初めて川下さんと出会ったのは6年前、勝間和代さんとの女子会での席のこと。男性なのになぜか一人、女子会に紛れ込み、妙に場になじんでビールを飲んでいた中年太りのサエない代理店マン（失礼すぎる！）! そんな印象だった彼が、数年後、シュッと痩《や》せて、服装もヘアスタイルもおしゃれになり、新規事業開発に取り組み、社内外で大活躍していたことに、ただただビックリ。秘密を聞くと「ガンバることをやめただけ」というのですから二度ビックリでした。

たしかに、振り返ってもみてください。これまでの人生で、ガンバり過ぎてうまく行ったことなど一度でもあったでしょうか? これも川下さんから聞いた話ですが、お正月に張り切って立てた「一年の抱負」の92%は、年末までに達成できなかった、という研究データがあるそうです。ガンバるだけでは、うまくいかないことは立証済み。でも、ガンバることばかりを教わってきた私たちは、案外（本でも読んで意識しなければ）ガンバらない方法を知らないのです。

この本の中にひとつでも、ガンバらないヒントがあれば幸いです。
ガンバったわりに、たいして報われなかったすべての人に贈ります。

たむらようこ
東京恵比寿にて

川下和彦（かわした・かずひこ）

クリエイティブディレクター、習慣化エバンジェリスト。

2000年、慶應義塾大学大学院修士課程修了後、大手総合広告会社に入社。マーケティング、PR、広告制作など、多岐にわたるクリエイティブ業務を経験。2017年春より、新しい事業を創造し、成長させることを標榜するスタートアップ・スタジオに兼務出向。広告クリエイティブに留まらず、イノベーション創出に取り組んでいる。

やる気だけは一人前で、幼い頃から多くのことにチャレンジしてきたが、ことごとく挫折。しかし、独自の習慣化メソッドを開発して以来、貯金、ダイエット、身だしなみの改善に成功。同じ方法を適用することで、ビジネスでも快進撃を続けている。仕事で心がけていることは「Make the world a happier place（世の中をより幸せな場所にする）」。各界のオピニオン・リーダーとも親交があり、幅広いネットワークと連携しながら、その実現に向けて挑戦を続けている。

東洋経済オンラインなどで連載を持つほか、著書に『勤トレ 勤力を鍛えるトレーニング』『コネ持ち父さん コネなし父さん』（ともにディスカヴァー・トゥエンティワン）、『家計簿つけたら、ヤセました!!』（あさ出版）がある。

たむらようこ

放送作家。ベイビー＊プラネット代表取締役。福岡市出身。早稲田大学卒業後、内定先と間違えて電話してしまったのがきっかけで、テレビ番組制作会社に入社。ADの経験を経て放送作家に。2001年に、子連れ出勤もできる女性だけの放送作家オフィス“ベイビー＊プラネット”を設立。

本書は数年ぶりに会った共著者・川下氏の変貌ぶりに驚いたことをきっかけに、習慣の大切さを物語化。大人はもちろん子どもたちにも“楽しく成果を得るヒントを届けたい”という思いで書き上げた。

これまで手がけた番組は『サザエさん』『サタ☆スマ』『めざましテレビ』（フジテレビ）、『サラメシ』『おじゃる丸』（NHK）、『世界バリバリ★バリュー』『世界の日本人妻は見た！』『教えてもらう前と後』（TBS）など多数。大ブームを巻き起こした“慎吾ママ”の生みの親でもある。

ざんねんな努力

発行日　2018年12月25日　第1刷

著者　川下和彦、たむらようこ

本書プロジェクトチーム
企画・編集統括　柿内尚文
編集担当　小林英史、大住兼正
デザイン　轡田昭彦＋坪井朋子
編集協力　高野成光（OT EDIT）
校正　柳元順子
イラスト　上路ナオ子
営業統括　丸山敏生
営業担当　石井耕平
営業　増尾友裕、池田孝一郎、熊切絵理、戸田友里恵、大原桂子、矢部愛、綱脇愛、川西花苗、寺内未来子、櫻井恵子、吉村寿美子、矢橋寛子、大村かおり、高垣真美、高垣知子、柏原由美、菊山清佳
プロモーション　山田美恵、浦野稚加、林屋成一郎

編集　舘瑞恵、栗田亘、村上芳子、堀田孝之、菊地貴広、千田真由、生越こずえ
講演・マネジメント事業　斎藤和佳、高間裕子、志水公美
メディア開発　池田剛、中山景、中村悟志、小野結理
マネジメント　坂下毅
発行人　高橋克佳

発行所　株式会社アスコム

〒105-0003
東京都港区西新橋2-23-1　3東洋海事ビル
編集部　TEL：03-5425-6627
営業部　TEL：03-5425-6626　FAX：03-5425-6770

印刷・製本　株式会社光邦

Printed in Japan ISBN 978-4-7762-1017-7

登録するだけ!

購入者全員にプレゼント!

本書の電子版がスマホ、タブレットなどで読めます!

アクセス方法はこちら!

⇩

下記のQRコード、もしくは下記のアドレスからアクセスし、会員登録の上、案内されたパスワードを所定の欄に入力してください。
アクセスしたサイトでパスワードが認証されますと、電子版を読むことができます。

https://ascom-inc.com/b/10177

※通信環境や機種によってアクセスに時間がかかる、もしくはアクセスできない場合がございます。
※接続の際の通信費はお客様のご負担となります。